Eduardo Schirrmann

A COLISÃO DAS FAKE NEWS COM O PRINCÍPIO DA LIBERDADE DE EXPRESSÃO

AGRADECIMENTOS

Agradeço aos meus familiares, por todo o suporte dado.

Agradeço também à minha esposa, que me ajudou durante todas as etapas de criação deste trabalho.

RESUMO

O presente trabalho visa estudar a colisão do fenômeno das *fake news* com o direito fundamental da liberdade de expressão. A colisão causada pode determinar um novo limite à liberdade de expressão e até mesmo uma forma de censura a esse direito. Serão estudados elementos da legislação brasileira, a partir da Constituição de 1988, bem como mencionadas algumas legislações ao redor do mundo as quais combatem *fake news*. Também será estudado o surgimento das *fake news*, quais os seus conceitos e seus propósitos na liberdade de expressão. Por fim, no último capítulo do presente trabalho, serão debatidos dois argumentos, um a favor da tutela das *fake news* e o outro contra. Isso tudo com a finalidade de responder a respeito de até que ponto as *fake news* encontram tutela jurídica na liberdade de expressão e se elas devem ser tuteladas. Diante disso, serão trabalhadas duas hipóteses no decorrer do trabalho, uma a qual defende que as *fake News* podem ser tuteladas pela liberdade de expressão, desde que não atinja um dos limites a liberdade de expressão. Outro entendimento é de que somente pode ser tutelada informações com um viés verídico, e quem faz e compartilha *fake news* teria uma responsabilidade civil, tanto o usuário de uma rede social que a compartilha quanto o provedor de serviços na Internet, que será tratado especificamente sobre o caso de responsabilidade do provedor. Com a eleição presidencial de 2016, dos Estados Unidos, o fenômeno chamado de *fake news* ganhou uma grande exposição mundial. No Brasil, o mesmo acontece diariamente na vida da população, seja transmitindo dados na TV, repassando mensagens no aplicativo de comunicação *Whatsapp* ou até mesmo compartilhando notícias falsas no *Facebook*, onde os dados não condizem com a realidade. Com isso, é criado um grande dilema a respeito da liberdade de expressão, conforme legislação, não pode ser previamente censurada, sendo assim, as *fake news* são criadas e espalhadas, até mesmo em debates dos presidenciáveis de 2018. Seguindo a linha de pesquisa do professor Dr. Luiz Gonzaga Silva Adolfo, que retrata os Direitos Fundamentais na Sociedade de Informação, espera-se conseguir encontrar um possível meio de tutelar as *fake news* e o que pode ser feito para que elas não afetem o exercício da liberdade de expressão e que ele acabe sendo cerceado.

SUMÁRIO

1 INTRODUÇÃO..6
2 CONCEITOS DE LIBERDADE DE EXPRESSÃO E LIBERDADE DE COMUNICAÇÃO..28
2.1 CONCEITOS DE LIBERDADE DE EXPRESSÃO DE COMUNICAÇÃO E SEUS LIMITES CONSTITUCIONAIS..29
2.2 A INFLUÊNCIA DA SOCIEDADE DE INFORMAÇÃO NA LIBERDADE DE EXPRESSÃO..51
2.3 O IMPACTO DO USO DA INTERNET NA LIBERDADE DE EXPRESSÃO..67
3 O FENÔMENO DAS *FAKE NEWS* NO MUNDO CONTEMPORÂNEO..86
3.1 A ECLOSÃO DAS *FAKE NEWS*..87
3.2 A AÇÃO DA PÓS VERDADE NA SOCIEDADE DE INFORMAÇÃO E O *FACT-CHECKING*..105
3.3 OS EFEITOS DAS *FAKE NEWS* NA LIBERDADE DE EXPRESSÃO E COMUNICAÇÃO..123
4 A COLISÃO DAS *FAKE NEWS* COM A LIBERDADE DE EXPRESSÃO..140
4.1 PRINCIPAIS ARGUMENTOS FAVORECENDO A TUTELA DAS *FAKE NEWS*..141
4.2 FUNDAMENTOS CENTRAIS SOBRE A INVIÁVEL TUTELA DAS *FAKE NEWS*..159
4.3 A (IM)POSSÍVEL TUTELA DAS *FAKE NEWS* NA SOCIEDADE DE INFORMAÇÃO..177
5 CONCLUSÃO..195
REFERÊNCIAS..226

1 INTRODUÇÃO

No primeiro capítulo do presente trabalho, será estudado a respeito da liberdade de expressão e também, brevemente, a respeito da liberdade de comunicação, uma vez que ambas podem ser consideradas como um Direito Humano e também um direito fundamental à luz da Constituição brasileira.

O mundo passa por um período considerado como de grandes inovações tecnológicas, algo advindo da época de 1950, da revolução tecnológica e do surgimento dos primeiros computadores, ainda muito primitivos em relação ao que grande parte da população mundial tem acesso hoje.

Com essa evolução tecnológica, a informação foi chegando com cada vez mais velocidade nos lares dos cidadãos ao redor do globo, devido à velocidade dos sistemas e também com a evolução da Internet que, com o passar do tempo, tornou-se algo móvel, podendo ser acessado em qualquer celular. Falando no celular, o aparelho talvez tenha perdido a função para qual foi inventado, uma vez que hoje é muito mais rápido e prático mandar mensagens por intermédio das redes sociais do que fazer uma ligação.

O problema é que com essa grande leva de informações, que existem em grande abundância na Internet, também existe algo chamado de *fake news*, um fenômeno relativamente recente se for comparado com a revolução tecnológica anteriormente dita.

A liberdade de expressão é um Direito Humano e também é um Direito Fundamental, previsto no rol do artigo quinto da Constituição brasileira de 1988, seus conceitos e seus limites serão trabalhados no primeiro capítulo do presente trabalho, bem como a sua relação com a revolução tecnológica e também com a internet, o que é algo fundamental para o prosseguimento do trabalho.

Sendo assim, falo brevemente a respeito da liberdade de expressão, ela é o Direito Humano de que todos podem receber e difundir informações, isso é algo inalienável e irrenunciável, uma vez que é um Direito Humano. A liberdade de expressão encontra previsão constitucional brasileira, sendo considerado como um direito fundamental e estando previsto no artigo quinto da Constituição.

O primeiro e principal limite que será estudado com relação a esse tema é a dignidade da pessoa humana, que é considerada como um princípio fonte, sendo que nenhum outro direito pode interferir na dignidade da pessoa humana. Esse seria o principal limite da liberdade de expressão.

Para entender melhor isso, serão estudados casos nos quais a liberdade de expressão transpassou a dignidade da pessoa humana, tendo o seu conteúdo retirado de circulação imediatamente. Um dos assuntos de casos mais conhecidos com relação a isso é o de racismo e também o caso Ellwanger, que serão trabalhados no primeiro capítulo do presente trabalho.

Deve-se entender qual a relação da liberdade de expressão com a internet, uma vez que grande parte da população faz uso dessa rede mundial sem fio para expressar-se e, também, para buscar informações que lhes são garantidas pela Declaração de Direitos do Homem.

Uma vez que a sociedade vive multiconectada e recebendo informações como nunca, com uma tremenda facilidade, faz-se necessário estudar qual o papel da liberdade de expressão na internet, visto que esse ambiente *online* facilita e muito o debate entre a população e o recebimento de informações de todos os lugares do mundo.

No entanto, esse mesmo ambiente é muito propício à propagação das *fake news*, que nada mais são do que notícias falsas, espalhadas por sites e até mesmo pelos próprios usuários de redes sociais, conforme será estudado no segundo capítulo da presente dissertação.

O intuito das *fake news* é o de causar a desinformação da população para beneficiar alguém, seja quem as produziu ou um terceiro, pode também ser utilizada numa tentativa de manchar a imagem de outra pessoa, criando mentiras a seu respeito ou vinculando sua imagem a algum fato.

As *fake news* buscam causar uma desinformação através da superinformação, ou seja, quem faz uma *fake news* acaba esperando que exista tanta informação de tal forma que seja impossível distinguir a verdade da mentira com relação ao que foi lido.

Sempre buscando beneficiar alguém ou prejudicar outra pessoa, as *fake news* buscam confundir a população, a ponto de não ter como diferenciar a verdade da mentira, conforme será abordado, existem estudos comprovando que há uma grande dificuldade, inclusive entre pessoas com um grau de educação mais elevado, de identificação das *fake news*.

A evolução tecnológica que a humanidade passou e continua passando é um meio extremamente potente para que *fake news* ajam como um vírus, sendo espalhado por grande parte dos seus usuários, que buscam receber informações através de redes sociais e sites de notícias, sem antes verificar as respectivas fontes para saber se o fato trata-se de uma verdade ou uma mentira.

Conforme será apresentado no disposto trabalho, a revolução tecnológica é algo fundamental para a sociedade da forma em que se encontra, é extremamente benéfico poder receber informações em tempo real e até mesmo poder ter interações sociais com amigos que moram distante.

Por meio do celular, do computador e da internet tudo isso é possível, uma biblioteca de livros está ao dispor do usuário que assim desejar, assim como ver vídeos e até mesmo conversar por imagem com seus entes queridos que estão longe, também é fundamental o papel da informação nisso.

A informação estimula o debate, que é um dos pilares da democracia. Sem o debate não há como reforçar ou mudar opiniões acerca de determinados assuntos da própria sociedade. Sendo assim, existiria somente uma verdade, a qual estaria ligada ao Estado.

A relação de *fake news* com liberdade de expressão é algo preocupante, já que será trabalhado a respeito da intrínseca ligação entre esse direito fundamental e esse fenômeno, que encontra na liberdade de expressão uma espécie de muleta para que seu funcionamento seja eficaz.

As *fake news* encontram um refúgio na liberdade de expressão, uma vez que todos podem compartilhar, serem informados e informar sobre o que quiserem, desde que não exista algo prejudicial à dignidade da pessoa humana.

Por trás de uma *fake news* existe alguém com um interesse escondido, seja esse interesse melhorar a imagem diante da população, seja prejudicar a imagem de um outro indivíduo. Por isso as *fake news* são tão disseminadas nas redes durante campanhas eleitorais, quando não se tem argumentos para ganhar um debate, inventa-se uma mentira com relação ao seu concorrente e espera-se que isso afete sua visibilidade com a população.

Como já fora dito, todos têm o direito inalienável e irrenunciável de buscar informações, porém, *fake news* atrapalham e muito a busca, afetando de formas irreparáveis a liberdade de expressão. Conforme poderá ser visto, existem países que criminalizaram *fake news* em suas legislações mais recentes, até mesmo a Rússia, que decidiu fazer uma internet própria, somente para a sua população.

Sobre isso, é algo impossível de fazer em território brasileiro, até mesmo impensável, como poderá ser visto na legislação específica. Não existe a possibilidade do Brasil isolar-se do mundo, tal qual foi feito na Rússia, e criar uma internet brasileira para solucionar o problema das *fake news*.

Não que isso vá ser uma solução, obviamente, isso somente maquiaria para o mundo que *fake news* são combatidas de forma eficiente no Brasil, mas o grande problema ainda ocorreria, dado que os próprios governantes brasileiros, como deputados, senadores e até mesmo o Presidente da República compartilham notícias falsas em seus perfis.

O problema que será tratado neste trabalho consiste em analisar até que ponto as *fake news* podem ou não serem tuteladas juridicamente, sem que isso interfira na liberdade de expressão. Para tanto, a delimitação do tema de pesquisa encontra-se na análise da colisão das *fake news* com o princípio da liberdade de expressão, na Sociedade de Informação e seus efeitos jurídicos, com um apanhado histórico a respeito da liberdade de expressão e da revolução tecnológica.

Isso aconteceu recentemente no Brasil, nas eleições de 2018, na qual houve um tsunami de *fake news*, enviadas por todas as redes sociais possíveis, com os mais diversos conteúdos. O grande problema é como deve ser feita uma legislação que resolva esse caos na informação, até mesmo se deve ser feito uma legislação ou então deve-se começar a educar desde cedo o jovem brasileiro, nas escolas, para que comece a ter um discernimento melhor a respeito do mundo.

Atualmente, existem alguns projetos de Lei que estão tramitando e, inclusive, alguma legislação já fora alterada, com intuito de frear as *fake news*, mas ainda não está claro até que ponto esse freio pode ser posto para que não exista um cerceamento da liberdade de expressão.

Algo preocupante com relação a isso, conforme será estudado, é que esses projetos buscam criminalizar *fake news*, o que não parece ser a melhor solução possível, em razão disso afetar diretamente a liberdade de expressão, prejudicando-a e podendo sofrer censuras do Estado.

O direito humano da liberdade de expressão é um valor fonte da Constituição brasileira e não deve ser cerceado, a não ser nos casos ditos no primeiro capítulo.

Sendo assim, existe o problema central, que é como tutelar algo relativamente novo no ordenamento jurídico brasileiro sem que isso interfira em um Direito Humano.

Diante disso, serão abordadas duas hipóteses no decorrer do trabalho; uma a qual defende que as *fake news* podem ser tuteladas pela liberdade de expressão, desde que não atinja um dos limites da liberdade de expressão, isso se dá quando ele interfere em outro direito fundamental imprescindível, que é o princípio da dignidade da pessoa humana, na qual este pode ser, então, o limite encontrado para que uma *fake news* seja retirada de circulação; outro entendimento é o de que somente pode ser tutelada informações com um viés verídico, logo, quem faz e compartilha *fake news* teria uma responsabilidade civil, tanto o usuário de uma rede social que a compartilha quanto o provedor, que será tratado especificamente sobre o caso de responsabilidade do provedor. Por meio disso, um modo de que deixe as *fake news* sem uma possível tutela seria através da educação escolar, a qual estaria inserida desde os primórdios da educação básica, para que os alunos aprendam a distinguir a verdade da mentira.

A metodologia de pesquisa utilizada no presente trabalho é a forma conhecida como hipotético-dedutiva, uma vez que pode ser considerada como a mais adequada para tanto.

Com isso, tem-se como objetivo verificar se as *fake news* na Sociedade de Informação devem ser tuteladas juridicamente se colidentes com o princípio da liberdade de expressão.

No primeiro capítulo do presente trabalho será dissertado a respeito da liberdade de expressão e suas vertentes, assim como os seus limites constitucionais, de que forma ela está inserida na Sociedade de Informação, como também sua inserção na era da internet.

É fundamental entender o que é liberdade de expressão, do mesmo modo que entender em qual ponto é encontrado o seu limite, posto que se trata de um Direito Humano e também é responsável por fazer com que todos possam receber informações e proporcionar debates.

Também é extremamente importante entender a relação da liberdade de expressão com a internet e com a revolução tecnológica, bem como o seu funcionamento na Sociedade de Informação. Hoje, existe uma grande facilidade de obter informações, graças a esses fatores que contribuíram para que grande parte da população tenha acesso à internet, por meio de telefones ou via computadores.

A própria evolução da internet facilitou a vida de muitas pessoas, uma vez que ela é cada vez mais veloz do que era antigamente, onde antes teria que escolher entre usar o telefone residencial ou navegar na internet, hoje, isso pode ser feito pelo próprio aparelho celular, que é levado para todos os lugares.

Após, no segundo capítulo será trabalhado a respeito de *fake news*, como elas foram criadas, qual o seu conceito, qual a razão de existirem e suas funções na informação, bem como o funcionamento de *fake news* na Sociedade de informação, também será abordado a respeito do *fact-checking*, finalizando, será discutido a respeito das *fake news* na liberdade de expressão e na liberdade de comunicação.

As *fake news* estão ligadas à liberdade de expressão, conforme poderá ser observado. Elas são como uma espécie de gesso desse direito fundamental, uma vez que elas prejudicam a sua fluidez e também os seus movimentos na sociedade atual brasileira.

Existe um ambiente muito bom para que *fake news* sejam espalhadas, conforme poderá ser visto no decorrer do trabalho, uma vez que os avanços da internet, com relação a sua velocidade e seu acesso estão cada vez maiores, grande parte da sociedade utiliza esse meio de comunicação.

Porém, nem todos conseguem distinguir a verdade da mentira e acabam acreditando em tudo que está na rede *online,* por mais absurdo que seja uma mentira, sempre alguém acreditará e a contará para seus amigos e seus familiares, criando assim um grande ciclo de repetição da mentira.

Fake News são algo extremamente prejudicial para a sociedade moderna, conforme poderá ser visto mais adiante, sendo que elas causam uma grande desinformação da população. Quem faz *fake news* utiliza-se de uma forma diferente de reter informação da população, causando uma enxurrada de informações para que os usuários não consigam distinguir o que é verdade do que é mentira, assim, beneficiando alguém ou prejudicando outro.

O último capítulo foca, primeiramente, em estabelecer uma tutela às *fake news*, analisando legislações que estão tramitando, após, será trabalhado um conceito de educação, no qual as *fake news* perdem seu poder, de acordo com a evolução do ser humano com mais discernimento. Para finalizar, serão analisados os dois argumentos, o que as *fake news* devem estar na legislação e o que elas devem ser combatidas nas escolas.

Para tanto, num primeiro momento, será trabalhado a tutela das *fake news* com o Direito Civil, mais precisamente com relação à responsabilidade civil e também a Ação Civil Pública.

No próximo ponto, será trabalhado a respeito da razão de não existir uma tutela das *fake news*, ao menos não no sentido de criminalizar a informação repassada, em virtude da impossibilidade do Estado controlar o que pode ou não ser passado para os usuários, dado que o Brasil vive uma democracia e não uma ditadura, não pode existir um detentor da verdade.

Nesse ponto, serão estudados argumentos contra a tutela e dando uma solução alternativa para o problema das *fake news*, que é uma mudança na escolarização, aliada com um trabalho feito nas universidades e nas grandes mídias para que a população desenvolva senso crítico e, dessa forma, conseguir distinguir a verdade da mentira.

Essa alternativa, de fazer uma nova escolarização da população, já está sendo feita em alguns casos que serão estudados, por exemplo, uma escola de São Paulo está ensinando seus alunos a identificarem o que é *fake news* e o que é verdade na grande mídia.

Mesmo que essa alternativa seja uma solução a longo prazo, deve-se fazer algo em relação às *fake news* agora, porém, aliada a essa escolarização para que o problema não volte em um futuro próximo, ou que não seja criado outro problema parecido com o fenômeno das *fake news*.

A alternativa mais convincente encontra-se na responsabilidade civil e na alteração da Ação Civil Pública, que passará a conter no rol de ofensas produzir *fake news* com relação ao indivíduo, isso, aliado à escolarização, parece ser a melhor alternativa para a solução do grande problema que são as *fake news*, uma vez que estancaria o ferimento agora e, através das escolas, já teria uma proteção no futuro.

Assim, não existiriam amarras à liberdade de expressão, sendo que o direito não seria censurado e poderia ter seu funcionamento garantido na sociedade brasileira, a todos que desejam receber, difundir e manifestar o seu pensamento. Não existiria, então, somente uma verdade e nem um ente controlador dessa determinada verdade, mas sim a população poderia expor os seus pensamentos de forma crítica para que pudesse existir o debate.

Por fim, o último ponto tratará a respeito da decisão final e exporá argumentos a seu favor, se deve ou não existir uma tutela para *fake news* baseada na liberdade de expressão e como deve ser feita essa tutela, para que não exista uma censura ao princípio da liberdade de expressão.

2 CONCEITOS DE LIBERDADE DE EXPRESSÃO E LIBERDADE DE COMUNICAÇÃO

Para iniciar o trabalho, será abordado a respeito da liberdade de expressão e de comunicação, quais os seus conceitos no decorrer da evolução legislativa do Brasil e de alguns pontos do mundo que trabalham, especificamente, sobre as liberdades em foco, como por exemplo, a Declaração Universal dos Direitos do Homem.

Para dar uma ideia inicial, a liberdade de expressão é um Direito Humano e também é um direito fundamental, sendo que está prevista no rol do artigo quinto da Constituição brasileira de 1988. A liberdade de expressão é algo extremamente fundamental para o pleno exercício da democracia no país, sendo que o debate é algo vital para que a sociedade atinja os seus objetivos com relação a seus ideais e também com relação aos seus governantes.

Na sequência, será trabalhado a respeito da Sociedade de Informação e sua ligação com a liberdade de expressão, a evolução histórica e seu vínculo com a liberdade estudada, como ela foi medida ao passar dos anos na Sociedade da Informação e como é representada hoje no mesmo lugar por diferentes pontos de vista.

A respeito disso, cabe dar a ideia introdutória de que a Revolução Tecnológica, iniciada no ano de 1950, trouxe para o mundo os primeiros modelos de tecnologias que grande parte da sociedade hoje utiliza, entre esses primeiros modelos arcaicos estão o computador e até mesmo a internet, que em sua concepção, na década de setenta. tinha um propósito bem diferente do que tem hoje.

Por último, a ligação entre a Internet e a liberdade de expressão, um ponto importante para entender o trabalho mais adiante, devido ao ponto principal do trabalho tratar sobre liberdade de expressão e sua ligação com as *fake news*.

A liberdade de expressão encontrou um grande campo a ser explorado na internet, com o uso cada vez mais frequente no decorrer do dia-a-dia do cidadão, a internet é algo muito comum em grande parte da sociedade, não somente no Brasil, mas no mundo todo.

Com isso, a facilidade de obter informações de qualquer lugar, sobre quase todos os assuntos possíveis, e também iniciar debates virou algo que pode ser feito em tempo real, através dos celulares e dos computadores, com pessoas de todo o mundo.

2.1 CONCEITOS DE LIBERDADE DE EXPRESSÃO, DE COMUNICAÇÃO E SEUS LIMITES CONSTITUCIONAIS

Neste primeiro ponto do capítulo, serão tratados conceitos a respeito de liberdade de expressão e também de liberdade de comunicação, bem como abordará seu funcionamento em uma legislação brasileira. Também será trabalhado a respeito da evolução histórica de ambos os pontos, desde suas primeiras aparições até como encontram-se hoje em dia na legislação, tanto na brasileira quanto na legislação mundial dos Direitos Humanos.

A liberdade de expressão pode ser considerada como uma das mais antigas reivindicações do ser humano, sobre isso, Edilsom Pereira Farias diz que a busca por reconhecimento e proteção tanto da liberdade de comunicação como da liberdade de expressão é inseparável da infinda luta pelo desenvolvimento humano, o que nos remonta à cultura grega (2001.).

A Inglaterra é considerada como um dos países pioneiros, tanto com relação a liberdade de expressão quanto com a liberdade de comunicação, especialmente quando o Parlamento britânico, na época de 1695, resolveu não reiterar o *Licensing Act*[1], que era o local que estabelecia a censura prévia (FARIAS, 2001.).

Em uma legislação que pode ser considerada mais recente, a primeira vez que apareceu foi na Declaração dos Direitos do Homem, no art. 11 "a livre comunicação das ideias e das opiniões é um dos mais preciosos direitos do homem", o mesmo artigo ainda fala sobre os direitos de todos os cidadãos com relação à livre comunicação de ideias "todo cidadão pode, portanto, falar, escrever, imprimir livremente,

---

[1] A Lei de Licenciamento é um ato do Parlamento do Reino Unido, que serve para legislar licenças. Fonte: https://en.wikipedia.org/wiki/Licensing_Act

respondendo; todavia, pelos abusos desta liberdade nos termos previstos na lei.".

A liberdade de expressão também está presente na Declaração dos Direitos Humanos, datada do ano de 1948, no seu artigo nº 19, no qual diz que "todo o indivíduo tem direito à liberdade de opinião e de expressão, o que implica o direito de não ser inquietado pelas suas opiniões e o de procurar, receber e difundir, sem consideração de fronteiras, informações e ideias (...)", o referido artigo deixa claro o direito que a população tem de poder opinar, buscar informações e de receber informações, ou seja, ele assegura tanto à liberdade à informação quanto à liberdade de expressão em sua forma geral, sendo assim, afirma-se que aquela liberdade compreende a faculdade de investigar, assim como o direito de informar e a faculdade de receber ou não informação (FARIAS, 2001).

A proteção à liberdade de expressão também está presente no Pacto Internacional dos Direitos Civis e Políticos, que foi adotado e ratificado por Assembleia Geral da Organização das Nações Unidas (ONU), onde no seu artigo nº 19, ponto dois, diz que:

> Artigo 19: Toda pessoa terá direito à liberdade de expressão; esse direito incluirá a liberdade de procurar, receber e difundir informações e ideias de qualquer natureza, independente de considerações de fronteiras, verbalmente ou por escrito, em forma impressa ou artística, ou por qualquer outro meio de sua escolha.

A respeito disso, o artigo em questão fala que toda pessoa terá direito à liberdade de expressão, onde esse direito dará ao ser humano a liberdade de procurar, de receber e também de difundir informações e ideias de qualquer natureza, conforme pode ser observado no dispositivo em análise. Com isso, não existe um limite para quem pode ou não utilizar a liberdade de expressão, nem teria como existir, uma vez que é um Direito Humano, portanto, torna-se irrenunciável e inalienável. Baseado na liberdade de expressão, ninguém poderá perder o seu direito de se informar, de receber e de difundir informações.

O Pacto de San José de Costa Rica (Convenção Americana sobre Direitos Humanos), que ocorreu em 1969, em seu artigo de nº 13, fala que não se pode restringir o direito de expressão por vias ou meios indiretos, conforme pode ser observado na sequência:

> Artigo 13: 3. Não se pode restringir o direito de expressão por vias ou meios indiretos, tais como o abuso de controles oficiais ou particulares de papel de imprensa, de frequências radioelétricas ou de equipamentos e aparelhos usados na difusão de informação, nem por quaisquer outros meios destinados a obstar a comunicação e a circulação de ideias e opiniões.
> 4. A lei pode submeter os espetáculos públicos à censura prévia, com o objetivo exclusivo de regular o acesso a eles, para proteção moral da infância e da adolescência, sem prejuízo do disposto no inciso 2º.
> 5. A lei deve proibir toda propaganda a favor da guerra, bem como toda apologia ao ódio nacional, racial ou religioso que

constitua incitação à discriminação, à hostilidade, ao crime ou à violência.

O artigo 5º da Constituição de 1988 elenca os princípios fundamentais abrangidos pela Carta Magna, entre eles, alguns são essenciais para o funcionamento da liberdade de expressão e da liberdade de comunicação, são os seguintes direitos:

> Artigo 5º: Todos são iguais perante a lei, sem distinção de qualquer natureza, garantindo-se aos brasileiros e aos estrangeiros residentes no País a inviolabilidade do direito à vida, à liberdade, à igualdade, à segurança e à propriedade, nos termos seguintes:
> IV- é livre a manifestação do pensamento, sendo vedado o anonimato;
> V - é assegurado o direito de resposta, proporcional ao agravo, além da indenização por dano material, moral ou à imagem;
> VI - é inviolável a liberdade de consciência e de crença, sendo assegurado o livre exercício dos cultos religiosos e garantida, na forma da lei, a proteção aos locais de culto e a suas liturgias;
> IX - é livre a expressão da atividade intelectual, artística, científica e de comunicação, independentemente de censura ou licença;
> X - são invioláveis a intimidade, a vida privada, a honra e a imagem das pessoas, assegurado o direito a indenização pelo dano material ou moral decorrente de sua violação;
> XIV- é assegurado a todos o acesso à informação e resguardado o sigilo da fonte, quando necessário ao exercício profissional;

Do mesmo modo, a liberdade de expressão está prevista no rol dos direitos fundamentais da Constituição de 1988, mais precisamente no artigo 5º, inciso IV, onde diz que "é livre a manifestação do pensamento, sendo vedado o anonimato", aparece também no inciso XIV que fala "é assegurado a todos o acesso à informação e resguardado o sigilo da fonte, quando necessário ao exercício profissional", ainda na Constituição, em seu artigo 220, está previsto que não haverá formas de censura de natureza política, ideológica e artística, o artigo 220 fala que "a manifestação do pensamento, a criação, a expressão e a informação, sob qualquer forma, processo ou veículo não sofrerão qualquer restrição, observando o disposto nesta Constituição."

Analisando o artigo 220 da Constituição Federal, Miguel Reale Júnior entende que estatui ser plena a liberdade de expressão, por óbvio, quando observado o disposto na própria Constituição, ou seja, a submete à composição ou à sujeição a outros valores, em especial, à dignidade da pessoa humana, que constitui um valor fonte (2010.), aqui tem-se um limite da liberdade de expressão, que é o princípio da dignidade da pessoa humana, sendo assim, a liberdade de expressão nunca pode transpassar por esse princípio.

Ainda, nos anos mais recentes, foi estipulado os Article 19, conhecido como Princípios de Camden, que nada mais é do que uma campanha global pela liberdade de expressão, no Princípio 2 estabelece o "marco legal para à proteção do direito à liberdade de expressão", onde diz que:

> 2.1. Os Estados devem assegurar que o direito à liberdade de opinião e expressão, através de qualquer meio de comunicação, inclusive o direito de

informação, seja consagrado nos dispositivos constitucionais domésticos ou equivalentes, de acordo com o direito internacional dos direitos humanos.

2.2. Em especial, os Estados devem assegurar que os dispositivos constitucionais domésticos estabeleçam claramente o escopo das restrições admissíveis ao direito à liberdade de expressão, inclusive que tais restrições devam ser previstas expressamente em lei, definidas de forma restritiva para servir objetivos legítimos reconhecidos na constituição e efetivamente necessárias em uma sociedade democrática para proteger tal objetivo.

2.3. Os Estados devem estabelecer um marco legal claro para a proteção do direito à informação, incluindo o direito de acesso à informação mantida por entidades públicas, e promover a divulgação proativa da informação.

Falando sobre os três primeiros artigos da Declaração de Princípios Sobre a Liberdade de Expressão, elaborada pela Organização dos Estados Americanos, pode ser visto que:

1. A liberdade de expressão, em todas as suas formas e manifestações, é um direito fundamental e inalienável, inerente a todas as pessoas. E, além disso, é um requisito indispensável para a própria existência das sociedades democráticas.

2. Toda pessoa tem o direito a buscar, receber e divulgar livremente informações e opiniões em conformidade com o que estipula o artigo 13 da Convenção Americana sobre Direitos Humanos. Todas as pessoas devem ter igualdade de oportunidades para receber, buscar e divulgar informação por qualquer meio de comunicação sem discriminação, por nenhum motivo, inclusive os de raça, cor, religião, sexo, idioma, opiniões políticas ou de qualquer outra natureza, origem nacional ou social, posição econômica, nascimento ou qualquer outra condição social.

3. Toda pessoa tem o direito a ter acesso às informações sobre si mesma ou seus bens de forma expedita e não onerosa, contidas em bancos de dados, registros públicos ou privados e, caso seja necessário, atualizá-las, retificá-las e/ou emendá-las.

Os artigos visam reafirmar que a liberdade de expressão é um direito fundamental e que ela também é inalienável, inerente a todos os seres humanos, bem como fala ainda que é um requisito indispensável para a existência da democracia. O terceiro artigo fala sobre o acesso à informação contida nos sistemas que são referentes a si mesmo, que o acesso é integral, seja a informação contida em bancos de dados públicos ou privados.

Tratando sobre os limites constitucionais que a liberdade de expressão tem, Branco faz uma ressalva quanto ao que pode ser o seu conteúdo uma vez que a liberdade de expressão, contudo, não abrange a violência, posto que toda manifestação de opinião tende a exercer algum impacto sobre a audiência, esse impacto, porém, tem de ser espiritual, não abrangendo nunca a coação física (2012.), então, um dos primeiros limites da liberdade de expressão, é que em seu conteúdo não pode abranger nenhum tipo de violência contra ninguém.

A liberdade de expressão é um direito fundamental e tem um caráter de pretensão que o Estado não possa exercer a censura, não é o Estado que deve estabelecer as opiniões que devem ser tidas como aceitáveis e válidas, esta função seria do público alvo das manifestações (BRANCO, 2012, p. 392), segundo esse entendimento estamos, portanto, diante de um direito que possui uma índole marcadamente defensiva, direito a uma abstenção pelo Estado de uma conduta que interfira sobre a esfera de liberdade do indivíduo (BRANCO, 2012.).

Sobre liberdade de expressão, André Ramos Tavares fala que ela não existe para si mesma, mas sim para satisfazer o desejo humano, ainda que se defenda sua condição como um direito, essa somente existiria em um mundo considerado como fenomênico em sua necessária relação com o ser humano (2012.).

Na mesma linha do elucidado anteriormente, ela foi elaborada pelo homem para assegurar que a ele fosse possível se autoformar e delimitar seus próprios gostos, desgostos, opiniões e convicções (TAVARES, 2012.), ou seja, foi criada para assegurar os gostos, opiniões e convicções da sociedade.

Edilsom Pereira Farias, quando trata sobre o âmbito da proteção da liberdade de expressão, diz que compreende a manifestação pública de pensamentos, ideias, opiniões, juízos de valores, críticas, crenças (religiosas ou não) e tudo mais que é encontrado nestas linhas, sendo assim, o objeto da liberdade de expressão abrange sempre elementos subjetivos. (2001.).

Ainda, é possível dizer que uma consequência prática desse plano subjetivo, que caracteriza a liberdade de expressão, é o fato de que ela não pode ser submetida ao requisito da comprovação da verdade (FARIAS, 2001.). Dito isso, fica claro que a liberdade de expressão, segundo Farias, não está vinculada somente ao que é considerado como verdadeiro.

Cabe ressaltar que, no mês de junho de 2018, por meio da ação direta de inconstitucionalidade de nº 4451[2], o Supremo Tribunal Federal, por unanimidade, derrubou um dispositivo da Lei Eleitoral que proibia sátiras com políticos em períodos anteriores a três meses das eleições, visto que o Supremo considerou o dispositivo como uma forma de censura prévia à liberdade de expressão e artística, sendo que a Constituição diz que não pode existir nenhum tipo de censura prévia à liberdade de expressão, conforme o que está disposto no inciso IX do artigo 5º.

O ministro Luiz Fux ainda distinguiu a liberdade de expressão com a propaganda eleitoral que se tem conhecimento de ser enganosa e que causa um dano irreversível à imagem de candidaturas alheias, para ele, "notícias fraudulentas (*fake news*) importantes para o Direito Eleitoral são aquelas que violam a lisura informacional da opinião pública, que deve ser livre.

---

[2] Fonte do Julgamento disponível em:
http://www.stf.jus.br/arquivo/cms/noticiaNoticiaStf/anexo/ADI4451VotoMCM.pdf
http://www.stf.jus.br/portal/cms/verNoticiaDetalhe.asp?idConteudo=382174
https://stf.jusbrasil.com.br/jurisprudencia/595879950/acao-direta-de-inconstitucionalidade-adi-4451-df-distrito-federal-9940989-2920101000000

Segundo o entendimento do ministro, no julgamento já mencionado a respeito de censura e *fake news*, disse que "há diferença entre a censura e o problema das *fake news*. A prática da democracia está indissolúvel à liberdade de expressão, porém necessariamente associada ao pluralismo de ideias e de visão de mundo".

Na sequência do julgamento da ação direta de inconstitucionalidade nº 4451, é afirmado que a liberdade de expressão e a participação da população se fortalecem em um ambiente de total visibilidade e com uma possibilidade de exposição crítica das diversas opiniões sobre os governantes, que em se tratando de liberdade de expressão e de imprensa, nem sempre, ou melhor dizendo, quase nunca serão figuras de estadistas iluminados, que é necessário ter uma política de desconfiança na formação do pensamento individual e na autodeterminação democrática para o livre exercício dos direitos de oposição e do processo de escolha.

Dito isso, está claro que nas normas que tiveram sua constitucionalidade contestada, fica explícito ver que existe uma forma de censura prévia, com o caráter preventivo e abstrato, estas normas então, são consideradas inconstitucionais porque consistem na subordinação e restrição da liberdade de expressão durante o período eleitoral, sendo assim, é possível afirmar que o objetivo das normas que estão sob revisão é de diminuir a liberdade de opinião, de criação artística e a livre multiplicidade de ideias.

A liberdade de expressão encontra sua limitação no princípio da dignidade da pessoa humana, que ele não pode ser ultrapassado, para que a liberdade de expressão tenha sua plena funcionalidade, ainda, é possível concluir então que a liberdade de expressão, bem como os seus respectivos limites, essencialmente operam na esfera das relações da comunicação e da vida social (SARLET, 2017.).

O princípio da dignidade da pessoa humana, tanto falado e considerado como limite da liberdade de expressão, está previsto na Constituição da República de 1988, no rol dos direitos fundamentais do artigo 5º, onde diz que "III – a dignidade da pessoa humana;", com isso fica clara a importância da dignidade da pessoa humana, que é um direito fundamental, dessa forma, ela coloca limites na atuação do Estado, visto que a dignidade da pessoa humana não pode ser transpassada por grande parte dos direitos. É dito por Branco que se respeita a dignidade da pessoa quando o indivíduo é tratado com um valor intrínseco, posto acima de todas as coisas criadas e em um patamar de igualdade de direitos com os indivíduos considerados como seus semelhantes (2012.).

É possível dizer que a pessoa humana é a razão de todo o sistema de Direito Positivo no Brasil (FIORILLO, 2017.), então, proteger a dignidade dela é fundamental para o Direito brasileiro, segundo a nossa Constituição. Pode-se dizer que para a pessoa humana ter dignidade, é preciso que lhe sejam assegurados todos os direitos sociais previstos no preâmbulo do artigo 6º da Constituição, trata-se de assegurar o piso vital mínimo para a sobrevivência (FIORILLO, 2017, p. 14-15). O artigo em questão especifica quais seriam os direitos sociais previstos "a educação, a saúde, a alimentação, o trabalho, a moradia, o transporte, o lazer, a segurança, a previdência social, a proteção à maternidade e à infância, a assistência aos desamparados, na forma desta Constituição".

Quando se trata dos limites que a liberdade de expressão possui, é possível dizer que ela encontra limites que estão previstos pelo próprio texto da Constituição e também na colisão da liberdade de expressão com outros direitos fundamentais (BRANCO, 2012.). Com isso, o autor defende que ela encontra limitações na colisão com outros direitos fundamentais, além da dignidade da pessoa humana.

Existe na Constituição a proteção para a liberdade de expressão, tanto em seu sentido positivo, que é a livre possibilidade de qualquer pessoa poder manifestar-se, sendo que a permissão está prevista nos termos constitucionais, quanto no seu sentido negativo, que proíbe a ilegítima intervenção do Estado por meio de uma censura prévia. Porém, não existe uma permissão constitucional para que o Estado limite o debate público de forma preventiva, com isso afirmado, é seguro dizer que o Estado e o particular não podem cercear o exercício do direito à liberdade de expressão.

Um dos principais fundamentos da limitação que a liberdade de expressão pode sofrer está no princípio da dignidade da pessoa humana, sobre isto, pode-se dizer que naquilo em que diz respeito à autonomia livre e desenvolvimento de personalidade do indivíduo, ela também guarda relação, em uma dimensão social e política, com as condições e garantias da democracia e do pluralismo político em uma sociedade livre (SARLET, 2017). O que assegura algo semelhante a um livre mercado de ideias, assim, acaba por assumir uma qualidade de direito político, revelando uma dimensão transindividual (SARLET, 2017), isso pode ser afirmado visto que a liberdade de expressão, bem como seus limites atuam, essencialmente, nas esferas das relações de vida social e de comunicação.

A respeito do limite da liberdade de expressão, o entendimento que dá primazia ao valor da dignidade da pessoa humana e da igualdade, em face do valor existente da liberdade de expressão, como limites imanentes (REALE, 2010), aqui novamente existe a colisão da liberdade de expressão com a dignidade da pessoa humana, podendo-se considerar, então, como sendo o maior limite para seu pleno exercício. Pode-se afirmar que o princípio da dignidade da pessoa humana impõe o dever de seguir o que é considerado como descente, não expondo e explorando sensacionalismo barato e muito menos as mazelas do ser humano (FERNANDES NETO, 2005).

O artigo nº 221 da Constituição Federal estabelece alguns possíveis limites que tanto a liberdade de expressão quanto a liberdade de imprensa encontram:

> Art. 221. A produção e a programação das emissoras de rádio e de televisão atenderão aos seguintes princípios:
> I – preferência a finalidades educativas, artísticas, culturais e informativas;
> II – promoção da cultura nacional e regional e estímulo à produção independente que objetive sua divulgação;
> III – regionalização da produção cultural, artística e jornalística, conforme percentuais estabelecidos em lei;
> IV – respeito aos valores éticos e sociais da pessoa e da família.

Além de impor limites, tais como "respeito aos valores éticos e sociais da pessoa e da família", o artigo também fala sobre quais princípios a produção e programação de mídia devem ser atendidos, porém, claramente isso não significa que somente as emissoras de rádio e de televisão que precisam respeitar a dignidade da pessoa humana e todo o resto não. Sobre isso, é dito por Branco que, "Respeita-se a dignidade da pessoa quando o indivíduo é tratado como sujeito com valor intrínseco, posto acima de todas as coisas criadas e em patamar de igualdade de direitos com os seus semelhantes. (BRANCO, 2012, p. 405)".

Tratando a respeito de como é feito o desrespeito ao princípio da dignidade da pessoa humana, pode-se dizer que acontece quando a pessoa é reduzida a uma simples condição de objeto para que satisfaça algum interesse imediato de outra pessoa (BRANCO, 2012). A fala de Branco mostra com clareza que a pessoa deixa de ser considerada como um ser humano, como todos, e passa a ser um objeto, algo sem vida digna, que não tem os mesmos direitos que os seres humanos.

Comentando sobre o artigo 221 da Constituição Federal, Pedrinho Guareschi fala que, "os serviços de rádio e televisão não existem para satisfação de interesses próprios dos que os desempenham, sejam eles governantes ou particulares, mas exclusivamente visando ao interesse público (GUARESCHI, 2013, p. 50)", seguindo a linha de pensamento do autor, quem se utiliza dos serviços de rádio e televisão, em tese, serve aos interesses da população, ao bem comum do povo, e não aos interesses particulares daqueles que desempenham esses serviços.

Para Branco (2012, p. 404), o respeito à dignidade pessoal e também o respeito aos valores da família brasileira são erigidos a uma condição de limite à liberdade de programação nos rádios e na televisão, ou seja, seria uma forma de limitar a liberdade de expressão tanto na televisão quanto no rádio.

A Constituição fala sobre isso no artigo 221, mais precisamente no seu inciso IV onde é dito que "A produção e a programação das emissoras de rádio e televisão atenderão aos seguintes princípios: IV – respeito aos valores éticos e sociais da pessoa e da família", é nesse artigo que Branco se baseia para falar sobre o respeito aos valores da família como uma forma de restringir a plenitude da liberdade de expressão e de comunicação.

Essa forma de restrição da liberdade de expressão é um completo absurdo, não existe luz em algo que "protege a família brasileira", mas cerceia a liberdade de expressão dos outros, cabe ressaltar que é totalmente infundado tal argumento exposto pelo autor, apesar de encontrar base constitucional, é algo que não deveria estar sendo utilizado. Um caso recente a respeito disso foi a propaganda do Banco do Brasil, que o presidente Jair Bolsonaro vetou e tirou de circulação no mesmo dia, em razão de que tal propaganda continha uma diversidade sexual e racial, o que é algo extremamente comum no país no qual se vive, porém, para o presidente, ela não poderia estar sendo passada na TV.

Ainda tratando sobre os limites da liberdade de expressão, Miguel Reale Júnior analisou dois julgamentos do Supremo Tribunal Federal, em seu artigo chamado "Limites à Liberdade de Expressão", onde ele inicia analisando um caso de racismo e, para isso, cita o então ministro do Supremo Maurício Correa, que em seu voto disse "A previsão da liberdade de expressão não assegura o "direito à incitação ao racismo."... devem preponderar os direitos de toda a parcela da sociedade atingida com a publicação para que a discriminação cometida não se apague da memória do povo." (REALE, 2010, p. 380), com isso, temos uma clara referência ao princípio da dignidade da pessoa humana, onde, por óbvio, o racismo é estritamente vedado na liberdade de expressão brasileira.

A liberdade de manifestação do pensamento e de informação também tinha sua regulamentação na Lei nº 5.250/1967, também conhecida como a Lei de Imprensa, na qual o artigo 1º fala que "É livre a manifestação do pensamento e a procura, o recebimento e a difusão de informações ou ideias, por qualquer meio e sem dependência de censura, respondendo cada um, nos termos da lei, pelos abusos que cometer".

Apesar do contido, em especial o que fala sobre a liberdade de expressão não depender de censura, a Lei foi elaborada no ano de 1967, ano no qual estávamos sob o comando de um governo militar, porém, no artigo 2º, que trata de "É livre a publicação e circulação, no território nacional, de livros e de jornais e outros periódicos, salvo se clandestinos (art. 11º) ou quando atentem contra a moral e os bons costumes.", aqui é possível perceber uma forma de controlar a circulação da mídia impressa, pois o que atentava contra o que era considerado como bons costumes, na época, era tirado de circulação, cabe ressaltar que essa legislação não está mais vigente atualmente e se encontra aqui somente como um exemplo sobre a evolução dos limites da liberdade de expressão no Brasil.

O Supremo Tribunal Federal, em julgamento da ação de descumprimento de preceito fundamental nº 130, julgou pela revogação da Lei de Imprensa, devido a sua elaboração durante o período do governo militar, o Supremo entendeu que ela não havia sido recepcionada pela nossa atual Constituição. Os ministros asseguraram que era preciso manter a manifestação do pensamento livre e plena sobre o julgamento da Arguição de descumprimento de preceito fundamental nº 130. Especificamente nesse caso, a revogação da lei se deu por força de uma incompatibilidade total com a Constituição, sendo assim, não havendo outra lei que atualmente a substitua (SERRANO, 2011.), foi feita, então, a revogação total da legislação.

Para Farias, a Constituição não reconhece um valor absoluto a qualquer direito ou liberdade, e nesse rol estão inclusos tanto a liberdade de expressão quanto a liberdade de comunicação, sobre isso, o autor refere ainda outras restrições decorrentes dessa valoração da Constituição, como também a garantia institucional que a comunicação social tem, há vários tipos de restrições e limitações a despeito de seu inestimável valor para o indivíduo (preservação da dignidade e das habilidades intelectuais da pessoa humana) e para a sociedade de modo geral (FARIAS, 2001.). O autor ainda fala que isso existe apesar da imunidade a toda e qualquer censura de natureza política, ideológica e artística (FARIAS, 2001.). Ainda tratando sobre a restrição, que sempre deverá ter apoio no texto constitucional, independente das circunstâncias e das razões que possam existir, sejam elas razões públicas ou de ordem puramente individual (FARIAS, 2001.).

Conforme já mencionado no primeiro capítulo deste trabalho, a liberdade de expressão não está essencialmente ligada à busca e divulgação da verdade (FARIAS, 2001), porém, o que tira a plena garantia de seu total exercício é a dignidade da pessoa humana, logo, mesmo que não esteja exclusivamente vinculada com a verdade, a liberdade de expressão não pode tratar sobre mentiras ou fatos que possam ferir a dignidade da pessoa considerada como o alvo.

No Princípio 11 dos Princípios de Camden, é tratado sobre restrições da liberdade de expressão que podem ser feitas pelos Estados, todas as medidas descritas, apesar de limitarem a liberdade de expressão, tentam fazer isso o mínimo possível, conforme pode ser observado:

> 11.1. Os Estados não devem impor quaisquer restrições à liberdade de expressão que não estejam em consonância com os critérios definidos no Princípio 2.2, e, em particular, as restrições devem ser previstas por lei, servir para proteger os direitos ou reputações de terceiros, a segurança nacional ou ordem pública, ou a moral ou saúde pública, e ser necessárias em uma sociedade democrática para proteger esses interesses.2 Isso implica que tais restrições, entre outras coisas:
> i. Sejam definidas de forma clara e precisa e atendam a uma necessidade social premente.

ii. Sejam a medida menos intrusiva disponível, no sentido de que não haja outro meio efetivo ou menos restritivo à liberdade de expressão.
iii. Não sejam amplas demais, no sentido de não restringir o discurso de forma extensiva ou genérica, ou ultrapassar o escopo do discurso nocivo e excluir o discurso legítimo.
iv. Sejam proporcionais, no sentido de que o benefício do interesse protegido supere o dano à liberdade de expressão, inclusive quanto às sanções que elas autorizam.
11.2. Os Estados devem revisar seu marco legal para garantir que quaisquer restrições à liberdade de expressão estejam de acordo com o descrito acima.

A Organização dos Estados Americanos elaborou a Declaração de Princípios Sobre a Liberdade de Expressão, onde fala sobre a limitação que o Estado pode oferecer ao acesso à informação, bem como trata sobre a censura prévia à liberdade de expressão, opinião ou informação divulgada por qualquer meio:

4. O acesso à informação em poder do Estado é um direito fundamental dos indivíduos. Os Estados estão obrigados a garantir o exercício deste direito. Este princípio só admite limitações excepcionais, que devem ser estabelecidas com antecedência pela lei, como em casos em que exista um perigo real e iminente que ameace a segurança nacional em sociedades democráticas.

5. A censura prévia, interferência ou pressão direta ou indireta sobre qualquer expressão, opinião ou informação divulgada por qualquer meio de comunicação oral, escrito, artístico, visual ou eletrônico deve ser proibida por lei. As restrições na circulação livre de ideias e opiniões, bem como a imposição arbitrária de informações e a criação de obstáculos

ao livre fluxo informativo, violam o direito à liberdade de expressão.

A Declaração de Princípios sobre a Liberdade de Expressão, nesses dois artigos descritos, visa reforçar o acesso à informação em poder do Estado, dizendo que a mesma é um direito fundamental dos cidadãos e dá os limitadores a esse acesso, como perigo real e iminente que ameace a segurança nacional em sociedades democráticas. Ainda, fala que a censura prévia, interferência ou pressão direta e indireta sobre qualquer opinião e informação divulgada por meio de comunicações afetam e violam o direito à liberdade de expressão.

Para resumir como a liberdade de expressão encontra seu limite, pode-se afirmar, então, que ela encontra seu principal limite no princípio da dignidade da pessoa humana, sendo ele intransponível, ou seja, a liberdade de expressão não pode interferir na dignidade da pessoa humana para que seu exercício seja considerado como pleno, a colisão com este princípio será tratado posteriormente, no último capítulo do presente trabalho.

Finalizando o conceito de liberdade de comunicação, é possível dizer que ele está, em via de regra, ligado a divulgação da verdade dos fatos e dos problemas atenuantes ocorridos na vida em sociedade, também que ele compreende as formas de manifestação e expressão do pensamento e elas não podem sofrer qualquer tipo de censura com relação ao seu conteúdo, isso porque, em tese, tratam somente sobre a verdade.

Após entender o limite da liberdade de expressão, que é encontrado quando o mesmo colide com o princípio da dignidade da pessoa humana, que outrora é tido como intransponível por qualquer outro direito, é preciso entender como ela está inserida na sociedade moderna, quais seus principais meios de utilização e quais os principais difusores de notícias mais utilizados, tais como, rádio, TV, Internet, jornal entre outros, para tanto, é necessário abordar como ela funciona e como foi sua evolução na Sociedade da Informação.

2.2 A INFLUÊNCIA DA SOCIEDADE DE INFORMAÇÃO NA LIBERDADE DE EXPRESSÃO

Para tratar de liberdade de expressão e sua relação com a sociedade de informação é necessário entender qual é a natureza do ser humano. Sobre isso, Noemi Ferrigolo fala que "O homem é um ser, um indivíduo diferente dos outros seres, porque é dotado de inteligência e vontade, sub-existe espiritualmente com conhecimento e amor".

O homem como indivíduo é um todo, é um universo dele mesmo (FERRIGOLO, 2005, p. 55)", ou seja, cada ser humano é diferente, sendo seres únicos e que possuem uma existência magnânima por si só, ainda, o valor da pessoa, sua liberdade, seus direitos, revela a ordem natural das coisas e como ela se movimenta (FERRIGOLO, 2005, p. 56), com isso podemos dizer que cada pessoa é dona de seus valores, de suas liberdades e seus direitos, sejam eles fundamentais e humanos ou não, sendo essa a ordem natural das coisas.

A Revolução Digital foi um período pelo qual o ser humano passou, entre os anos de 1950 e 1970, esse período foi marcado pela expansão do uso de computadores digitais e de arquivos também digitais. Um grande divisor de águas para a revolução tecnológica aconteceu no ano de 1970, quando trouxe um sistema tecnológico que o mundo está imerso e vivenciando até hoje (CASTELLS, 2005.).

Ainda em meados dos anos de 1970, mais precisamente em 1973, a ARPA (Agência de Projetos de Pesquisa Avançada do Departamento de Defesa Norte-Americano) instalou uma nova e revolucionária rede eletrônica de comunicação, que teve seu desenvolvimento a partir dos anos de 1970 em diante, e essa rede futuramente foi evoluindo e tornou-se a internet como a conhecemos hoje, (CASTELLS, 2005.). Claro que essa rede em seu princípio era completamente diferente da Internet que o mundo conheceu no ano de 1990 e, também, da Internet que é conhecida atualmente, em razão de ter sido feita pelo Departamento de Defesa Norte-Americano.

Tratando ainda sobre essa revolução tecnológica que está sendo vivida, a sua característica não é a centralidade de conhecimentos e de informações, mas sim a aplicação desses conhecimentos e dessas informações para a geração de novos conhecimentos e dispositivos de processamento da informação, em um ciclo cumulativo entre a inovação e o seu uso (CASTELLS, 2005.).

Para Castells, "as novas tecnologias da informação não são simplesmente ferramentas a serem aplicadas, mas processos a serem desenvolvidos. Usuários e criadores podem tornar-se a mesma coisa. (CASTELLS, 2005, p. 69)". Ainda pode-se dizer que o processo atual de transformação tecnológica se expande em razão de sua grande capacidade de criar uma interface entre vários campos tecnológicos por meio de uma linguagem digital comum, nessa linguagem, a informação é gerada, armazenada, processada e reproduzida (CASTELLS, 2005.).

André Lemos afirma a ideia de que as novas tecnologias de comunicação não tiveram seu estouro mundial no século XX, mas sim no século XIX, por meio da invenção de telégrafos, rádios, telefones e cinemas, ou seja, o homem cria objetos eletrônicos por um desejo de ampliar a distância da comunicação (2004).

Porém, em 1975, surge uma fusão entre a telecomunicação análoga e a informática, o que acabou por possibilitar a veiculação sob um único suporte, o revolucionário computador (LEMOS, 2004.), com essa evolução digital, obrigou-se as redes de TV, rádio, cinema e imprensa a uma forma de inovação, a utilização de uma forma individualizada de produção, a difusão e o estoque de informação (LEMOS, 2004.).

A liberdade de expressão é formada por cinco pilares, eles são: a própria liberdade de expressão (que é o direito de expressar opinião por palavra ou imagem), a liberdade de imprensa (dispor acesso à informação, por meios de comunicação em massa, sem a interferência do Estado), liberdade de informação (ter acesso à informação retida por organismos públicos), liberdade de cinematografia e liberdade de rádio fusão. Segundo Branco (2012.), o grau de proteção que cada uma dessas formas de se exprimir recebe costuma variar, porém todas estão previstas na Constituição.

Para Manuel Castells (2005.), as novas tecnologias da informação estão integrando todo o planeta em redes globais de instrumentalidade, a comunicação medida por computadores gera uma gama enorme de comunidades virtuais, comunidades virtuais de pessoas, as quais são formadas por algoritmos que, em tese, unem pessoas com os mesmos ideais e crenças em uma bolha, ou como o próprio autor fala, uma comunidade.

Sobre essas comunidades criadas por algoritmos sem a autorização do usuário, pode-se dizer que o perigo é tão maior que a utilização da informática facilita a existência de uma interconexão de fichários com a possibilidade de formar grandes bancos de dados que desvendem e vigiem a vida dos indivíduos, sem sua autorização e até seu conhecimento (SILVA, 2015.).

Castells ainda fala que a internet pode ser considerada como a espinha dorsal da comunicação global medida por computadores (CMC[3]): é a rede que liga a maior parte das redes (CASTELLS, 2005.), atualmente, a Internet encontra-se em um dos pontos mais altos do uso em todo o mundo, ela claramente liga todas as pessoas do mundo em uma grande rede de comunicação, vinte e quatro horas por dia e sete dias por semana, a informação flui de forma muito rápida através do globo e é acessada de forma muito prática. A internet é um canal de relacionamento humano, o Direito e aqueles que o estudam têm um crescente interesse por ela e pelas consequências jurídicas que a Internet produz (MARCACINI, 2014.).

Tratando sobre as liberdades fundamentais, Ferrigolo fala que "Liberdades fundamentais, direitos humanos e práticas democráticas são as maiores garantias da liberdade de expressão, sob esse enfoque, liberdade de pensamento e liberdade de expressão são valores individuais". (FERRIGOLO, 2005, p, 55), o componente coletivo é da essência da liberdade de manifestação, pois supõe o outro como destinatário da mensagem, ainda que ela (a liberdade de expressão), em si mesma, seja individual porque remetida a cada

---

[3] Comunicação medida por computadores.

sujeito, na sua essência, enquanto ser pensante (FERRIGOLO, 2005.).

Ferrigolo diz que "numa análise valorativa constata-se que a comunicação de massa não se apresenta simplesmente como um bem ou mal. O que chama a atenção é sua potencialização. (FERRIGOLO, 2005, p. 64)", com isso, a autora fala sobre a grande potência que a comunicação em massa (internet, TV, rádio, etc...) possui, mesmo sem saber sua índole, se boa ou ruim.

Tratando sobre a abrangência dos termos liberdade de expressão e liberdade de comunicação, pode-se afirmar que o termo liberdade de expressão (gênero) substitui os conceitos de liberdade de manifestação do pensamento, liberdade de manifestação da opinião e liberdade de manifestação de consciência (espécies) (FARIAS, 2001.), visto que a liberdade de expressão e a liberdade de comunicação podem abranger todas as expressões de opinião, de pensamento, de ideia, de crença ou de juízo de valor (FARIAS, 2001.).

Ao que se refere à utilização de liberdade de expressão e de comunicação, Edilsom Pereira Farias diz que o termo liberdade de comunicação é um melhor representante do que as expressões liberdade de imprensa e liberdade de informação do atual e complexo processo de comunicação de fatos ou notícias existente na vida social (FARIAS, 2001.). A liberdade de expressão e a liberdade de comunicação conseguem abarcar todos as liberdades que envolvem os atos de expressar o pensamento, ideia, informação e crença, sendo assim, os termos liberdade de expressão e liberdade de comunicação conseguem abranger todas as manifestações do pensamento ditas anteriormente, dessa forma, considerados os termos ideias que representam a nossa vida social hoje, nossas interações e nossas manifestações.

Seja por um grande número de notícias que os meios de comunicação oferecem e difundem, seja pelas pessoas que se deixam influenciar facilmente, ou ainda pela homogeneidade cultural que pode criar entre os destinatários da mensagem, oferecendo critérios comuns de percepção e seleção (FERRIGOLO, 2005.).

O único elemento de agregação entre aqueles que compõem uma massa é a comum qualidade do destinatário, real ou em potencial, da mensagem transmitida por certos veículos (FERRIGOLO, 2005, p. 66), a comunicação transformou-se em uma indústria pesada, sendo não mais um instrumento para produzir bens econômicos, mas ele próprio o principal dos bens (FERRIGOLO, 2005, p. 67), com isso, as empresas de comunicação acabaram difundindo informações e dados não para um bem da população, mas sim para que elas se tornassem o principal bem, no caso, o mais importante seria o nome da empresa, sua fama e seu lucro.

Algumas circunstâncias específicas tornam a comunicação e a informação algo que é cada vez mais complexo, entre as principais é possível dizer que estão a abundância de canais de comunicação e de digitalização de conteúdo, as mensagens eletrônicas que são enviadas de forma instantânea, o crescente peso econômico, político, cultural e militar dos processos de informação e de comunicação, assim como as intermináveis mudanças na conservação, disseminação e codificação das mensagens e vídeos enviados para a internet (PASQUALI, 2005.).

Sobre a revolução tecnológica e seu desenvolvimento, é possível dizer que ela contribuiu para vários meios de inovação, nessa revolução, as descobertas realizadas e as suas aplicações interagiam e eram testadas, repetitivamente, até obter o sucesso no experimento, é o processo denominado de aprendia-se fazendo (CASTELLS, 2005.), a concentração de conhecimentos científicos e tecnológicos, empresas com uma mão de obra qualificada, bem como instituições são consideradas como as forjas da Era da Informação (CASTELLS, 2005.).

Tratando sobre Direitos Humanos na sociedade da informação, Hamelink diz que todas as pessoas têm direito de livre expressão, de criar e de disseminar seu trabalho, além de:

> O florescimento da diversidade criativa requer uma completa implementação dos direitos culturais. Todas as pessoas têm, portanto, direito de livre expressão, de

> criar e disseminar seu trabalho, na língua de sua escolha, particularmente na sua língua nativa; todas as pessoas são elegíveis a uma educação de qualidade, que respeite plenamente a sua identidade cultural; e todas as pessoas têm o direito de participar na vida cultural de sua escolha. Condizente com suas próprias práticas culturais. (HAMELINK, 2005, p. 113).

É dito pelo autor que todos têm o direito de livre expressão, de criar e de disseminar o seu próprio trabalho, na língua que quiser, todos são elegíveis a uma educação de qualidade, que respeite plenamente a sua identidade cultural, sobretudo (HAMELINK, 2005), a sua liberdade de expressão.

É possível afirmar que tanto comunicação quanto informação, necessariamente, referem-se à essência da sociedade e também das relações humanas (PASQUALI, 2005.), posto que a comunicação e a informação são bases da liberdade de expressão e, novamente, cabe ressaltar como um dos pilares de qualquer sociedade democrática.

A sociedade possui o direito inalienável tanto de observar quanto de participar de qualquer decisão que possa afetar a sua comunicação ou a sua informação, atividades essas que constituem a essência das relações humanas. (PASQUALI, 2005, p. 19).

As novas tecnologias parecem ter grandes vantagens em comparações com os meios de comunicações tradicionais, isso por causa da interatividade que elas trazem, proporcionando um ideal para a comunicação democrática, uma vez que os dispositivos interativos e multifuncionais oferecem novas possibilidades para a participação descentralizada (MAIA, 2002.).

A Internet possibilita uma maior participação do público no processo democrático e na participação política, posto que existe uma interação entre o público e os políticos, que podem trocar informações e debater de madeira direta, sem obstáculos impostos por burocracia (MAIA, 2002.).

Um grande exemplo disso é a rede social *Twitter*, onde a sociedade debate livremente sobre ideias com políticos e os mesmos respondem, o próprio Presidente da República prefere utilizar-se da sua conta na rede social para informar a população sobre seus atos, pode-se dizer, então, que as novas tecnologias são instrumentos que fortalecem o processo democrático (MAIA, 2002.).

Segundo o entendimento de Farias a respeito do direito fundamental de se informar, de ser informado e de informar, um atentado contra qualquer uma delas, por mais simples que possa ser, quase sempre atinge mais de um dos direitos fundamentais com relação à informação, conforme pode ser visto a seguir:

> Apesar de poderem refletir os direitos fundamentais de se informar, de ser informado e de informar, não se deve perder de vista que as faculdades estabelecidas para os propósitos de investigar, receber e difundir notícias de interesse público fazem parte do conteúdo de uma única liberdade: a liberdade de

> comunicação. A consequência dessa íntima conexão entre elas é que um atentado contra uma acaba, quase sempre, atingindo as outras, debilitando-as igualmente. (FARIAS, 2001, p. 75).

A utilização da liberdade de expressão e dos meios de comunicação na sociedade de informação é considerado como um instrumento poderoso, que a população possui para questionar os atos das autoridades ou até mesmo expor seus erros; a liberdade de expressão é como uma trava, capaz de conter todos os tipos de abusos de poder ou outros tipos de desvios exercidos por representantes de funções públicas (MARCACINI, 2014, p. 83).

Hoje em dia, existe uma grande facilidade para que qualquer pessoa possa difundir informações, seja por uma estação de rádio, um blog ou uma rede social que, nesse caso, é o local onde isso mais acontece (PERUZZO, 2005.), quanto mais a rede é difundida, maior é o seu crescimento exponencial, pois as vantagens de estar presente na rede cresce também, graças ao número cada vez mais crescente de conexões oferecidas (CASTELLS, 2005.), sendo assim, estar presente em uma rede que difunde notícias, como as próprias redes sociais, pode ser considerado como uma vantagem, pois o número de informações recebidas é maior.

É concreto afirmar que a Sociedade da Informação é o local onde existe a saturação dos ideais da modernização, que são eles razão, futuro e progresso, aliada às grandes novas possibilidades da microeletrônica, o que pode proporcionar o surgimento de uma nova sociabilidade (LEMOS, 2004, p. 15).

Ou seja, ela é a base da evolução científica e tecnológica que vivenciamos atualmente, ao mesmo tempo em que a tecnologia microeletrônica pode ser considerada como uma mágica, visto que ela consegue abolir espaço e tempo, portanto, é algo agregadora, já que é societária e comunitária (LEMOS, 2004.)

Apesar disso, as tecnologias da informação e os processos que estão relacionados a elas alteram e também ampliam a complexidade existente nas relações humana, a informação nada mais é que uma fonte de poder e de domínio dos seus meios de produção e do controle de disseminação que pode aprofundar a já existente desigualdade da distribuição dos poderes em uma sociedade onde isso já é uma cicatriz aberta (SAHTLER, 2005.). A tecnologia disponível hoje em dia para disseminar a informação e para romper barreiras que a isolem é imensamente superior ao que era antigamente, mais eficiente, mais prática e mais barata (MARCACINI, 2014.).

A Internet tem o papel fundamental de falar sobre todos os assuntos, em nenhum outro tempo, se não o que é vivenciado atualmente, algo foi tão abrangente quanto ela, é um local que oferece canais que proporcionam educação, pesquisa, participação política, notícias, serviços públicos, lazer, contato social entre outros grandes serviços prestados pela Internet, as novas tecnologias da informação permitiram, de um modo mais rápido, esse acesso global (MARCACINI, 2014.).

Existe a esperança em algumas pessoas de que as novas tecnologias venham a desempenhar o papel de um fórum cívico, porém, com isso, surge o problema do acesso à tecnologia (MAIA, 2002.). Contudo, apesar de grande parte da população já ter acesso a esses meios de tecnologia, ainda existe uma camada da sociedade que não dispõe de Internet para uma participação efetiva nos fóruns, a interação é um processo onde a sociedade compartilha forças e também os seus interesses, que contribuem para moldar as novas tecnologias (HAMELINK, 2005.).

Essas informações e a forma como as sociedades que as recebem lidam com elas são algo cultural, o que contém nas informações é cultural, é a identidade cultural da sociedade (HAMELINK, 2005.). A cultura é algo fundamental da sociedade, a qual decide o que fazer com a informação recebida, segundo Hamelink, de acordo com a cultura da sociedade que recebeu a informação, cada uma age de formas diferentes em meio aos dados que são recebidos.

A liberdade de comunicação é formada por um conjunto de direitos, de veículos, de formas e de processos que dão possibilidade a criação, expressão e difusão do pensamento e da informação. É o que está contido em alguns incisos do artigo 5º da Constituição brasileira e, também, nos artigos 220 até o 224 do mesmo dispositivo.

Para o doutrinador José Afonso da Silva, a liberdade de comunicação compreende as formas de criação, expressão e manifestação do pensamento e de informação, e a própria organização dos meios de comunicação está sujeita a um regime jurídico especial (SILVA, 2015.). Cabe aqui ressaltar que a liberdade de comunicação é uma forma de organizar os meios de comunicação presentes em nossa sociedade.

As formas da liberdade de comunicação são regidas por alguns princípios, que podem ser elencados por José Afonso da Silva, "observado o disposto na Constituição, não sofrerão qualquer restrição qualquer que seja o processo ou veículo por que se exprimam (SILVA, 2015, p. 245)", ou seja, não haverá nenhum tipo de censura para a liberdade de comunicação, exceto o que se encontra previsto na Constituição brasileira.

Sobre a liberdade de imprensa, José Afonso da Silva diz que "Nela se concentra a *liberdade de informar* e é nela ou através dela que se realiza o direito coletivo à informação, isto é, a *liberdade de ser informado*" (SILVA, 2015, p. 248), tal sentença deixa claro a importância da imprensa para a informação e formação de opinião da sociedade, visto que a formação de opinião é um dos pilares da democracia, o autor ainda diz o seguinte "Por isso é que a ordem jurídica lhe confere um regime específico, que lhe garanta a atuação e lhe coíba os abusos. (SILVA, 2015, p. 248)".

Ainda falando sobre o que é e qual a abrangência da liberdade de expressão, é afirmado por Branco que a expressão é utilizada em todas as formas que são possíveis de se comunicar, como juízos, propaganda de ideias e notícias sobre fatos (BRANCO, 2012.), com isso, é possível afirmar que a liberdade de expressão está presente em todos os atos de comunicação da nossa sociedade.

Na mesma linha, Fiorillo ainda diz que a palavra liberdade não somente faz jus a um grau elevado de independência com relação ao grupo social que participa, mas também o grau que pode ser considerado como normal e desejável (FIORILLO, 2017.). Com isso, o autor ressalta a liberdade de expressão, que é um direito constituído e também é um valor moral.

O acesso à informação é algo tão vital que está presente na Declaração Universal dos Direitos do Homem, mais precisamente em seu dispositivo 27.1 "I) Todo o homem tem o direito de participar livremente da vida cultural da comunidade, de fruir as artes e de participar do progresso científico e de fruir de seus benefícios", esse direito é inspirado, principalmente, no princípio da equidade e pela noção de que ciência e tecnologia são pertencentes a herança que a comunidade tem (HAMELINK, 2005.).

Fazendo uma recapitulação sobre o que é liberdade de expressão e qual a sua abrangência, pode-se dizer que ela é um direito fundamental do ser humano, é também um dos pilares para a formação da opinião pública e do debate entre a população e o governo, sendo a base de uma democracia, que é integrada por cinco áreas - liberdade de imprensa, liberdade de informação, a própria liberdade de expressão, liberdade de cinematografia e a liberdade de rádio fusão - ela não está vinculada somente a divulgação de fatos verídicos e abrange todas as formas de expressão, como o pensamento, a ideia, a informação e a crença. É possível afirmar que os primeiros teóricos da liberdade de expressão e comunicação reivindicam que o fluxo da expressão e da comunicação humana, em seus mais variados campos de manifestação, constituem direitos fundamentais que muito contribuiriam para a realização pessoal e social dos cidadãos (FARIAS, 2001.).

De fato, as tecnologias que nos são proporcionadas atualmente são muito mais velozes e potentes do que eram, comparadas até com os anos recentes, como 2016 e 2017, houve um avanço na velocidade dos computadores e de seus processadores, bem como no alcance da Internet e no uso dos celulares, sendo que uma boa parcela da população brasileira já tem ao menos um aparelho em suas residências, essa evolução tecnológica que vivemos, sem sombra de dúvidas, interliga a sociedade, onde todos têm o mesmo acesso a informações, da classe mais alta a mais baixa, a mesma liberdade de expressão, de falar sua opinião em debates e o mesmo direito de se informar, em teoria, com isso, todos têm os mesmos direitos e deveres quando se utilizarem das tecnologias de comunicação.

A Sociedade da Informação é um marco na história humana mais recente, uma vez que ela possibilita o acesso à informação, algo vital para a própria sociedade, já que o fluxo de informações aumentou, sendo possibilitado o acesso de informações de todo o mundo pelos mecanismos atuais de busca, com a velocidade da Internet podemos ver vídeos, transmissões ao vivo sobre assuntos que nos interessam, tudo isso de forma online, com isso é fundamental dizer que a Internet, atualmente, é algo de suma importância para a Sociedade da Informação e também para a liberdade de expressão, em razão dela ligar todas as camadas da sociedade, a tecnologia, sem dúvidas, desempenha um papel essencial nos desenvolvimentos informacionais (HAMELINK, 2005.).

Após tratar a respeito da evolução da Sociedade de Informação e sua ligação com a liberdade de expressão, é preciso falar a respeito da Internet, que hoje está presente no nosso cotidiano, algo que só é possível graças à Sociedade de Informação e de toda a evolução tecnológica que foi conquistada no decorrer da história humana, principalmente a partir dos anos 1950 em diante. O próximo ponto a ser trabalhado tratará, especificamente, sobre a liberdade de expressão e a Internet, o impacto que essa conexão global causa no Brasil e no mundo.

2.3 O IMPACTO DO USO DA INTERNET NA LIBERDADE DE EXPRESSÃO

Com a sociedade conectada na Internet praticamente o tempo todo, aliada à facilidade que existe atualmente de simplesmente pegar um telefone no bolso e ter acesso a redes sociais, sites de pesquisa e de notícias, surgem algumas questões quanto aos limites da liberdade de expressão nestes meios relativamente novos, como postagens no Facebook que podem ser consideradas ofensivas, bem como de caráter duvidoso e podem afetar o princípio da dignidade da pessoa humana de outro usuário da rede social que viu a publicação em sua página inicial de notícias (como o caso do *Facebook* e do *Twitter*). Como já foi dito, é o principal contraponto da liberdade de expressão, sobre isso a evolução do conhecimento acabou por culminar no desenvolvimento das novas tecnologias, desse modo, surgindo a necessidade de entender e programar novos meios e processos de produção, que resultou como consequência o ser humano tendo que estruturar e armazenar mais as informações (MEATO, 2017.).

A internet, sem dúvidas, revolucionou os meios de comunicação da sociedade, sobre isso, os computadores e a internet permitiram um acesso ilimitado de notícias, que acabam chegando a inúmeras pessoas, e tem por consequências as modificações de comportamentos e ampliações de forma significativa da base de informação que está disponível (MEATO, 2017.). O autor reforça a ideia da grande rede de comunicação de difusão de notícias, a internet, e como ela altera comportamentos de acordo com as informações disponíveis.

No Brasil, cerca de 74% das residências possuem acesso à internet[4], e cerca de 93% dos domicílios possuíam pelo menos um celular. O maior uso da internet é feito por jovens entre 20 e 24 anos, segundo o Instituto Brasileiro de Geografia e Estatística. É possível afirmar que grande parte desses domicílios que possuem acesso à internet o realizam via telefone celular, devido as suas grandes facilidades e praticidades, é difícil acreditar que algum cidadão, em uma sociedade tecnológica, não tenha uma compreensão mínima a respeito da internet e das novas tecnologias (MARCACINI, 2014, p. 11).

Segundo o entendimento de Manuel Castells, a comunicação online incentiva discussões desinibidas, e

---

[4] Dados do IBGE
Disponível em : https://agenciadenoticias.ibge.gov.br/agencia-sala-de-imprensa/2013-agencia-de-noticias/releases/23445-pnad-continua-tic-2017-internet-chega-a-tres-em-cada-quatro-domicilios-do-pais

isso permite que ocorra a sinceridade, porém o preço dessa comunicação online e da sinceridade é o de que um comentário infeliz, com um mero clique do mouse, pode acabar com uma amizade para sempre (CASTELLS, 2005.).

A internet é mais um novo meio de comunicação que, sem sombra de dúvidas, revolucionou a sociedade, cabe a ressalva de que a internet revolucionou tanto quanto os meios de comunicação que lhe antecederam, todos em seus tempos, como a imprensa, o rádio e a televisão (MARCACINI, 2014.). A internet é, hoje, o meio de comunicação mais avançado da sociedade, é o resultado do estágio evolutivo dos primeiros meios de comunicação, como por exemplo, a escrita, ela ainda conta com a crescente evolução da tecnologia dos computadores, na qual: os mesmos, estão cada vez mais potentes e mais rápidos, sendo determinados pela capacidade dos seus chips internos, tanto o projeto quanto a arquitetura de um computador (CASTELLS, 2005).

Esses são fatores que definem se ele é ou não algo que vai ser competitivo e trazer o que é necessário em relação à velocidade e processamento, os celulares, onde temos um computador de bolso sempre a nossa mão, com várias funções e internet independentemente de onde estejamos e, também, a velocidade da própria internet, a qual evoluímos desde a internet discada até a tecnologia de internet por meio de fibras, que funciona a uma velocidade milhares de vezes mais rápido do que as primeiras conexões existentes (MARCACINI, 2014.).

A Lei n. 12.965/2014, que tutela o uso da Internet no Brasil, que já em seu artigo segundo estabelece o uso da Internet no Brasil tendo como o principal fundamento o respeito à liberdade de expressão, ainda, o mesmo artigo menciona em seu inciso VI sobre "a finalidade social da rede", como é utilizada em quase todos os países do mundo, exceto naqueles que fazem algum tipo de censura ao conteúdo presente na Internet.

O artigo segundo da Lei n. 12.965/2014 fala sobre a liberdade de expressão na Internet, que de acordo com referido dispositivo, é um dos fundamentos da disciplina do uso da internet no Brasil, conforme pode ser observado na sequência:

> Art. 2º A disciplina do uso da internet no Brasil tem como fundamento o respeito à liberdade de expressão, bem como:
> I – o reconhecimento da escala mundial da rede;
> II – os direitos humanos, o desenvolvimento da personalidade e o exercício da cidadania em meios digitais;
> III – a pluralidade e a diversidade;
> IV – a abertura e a colaboração;
> V – a livre iniciativa, a livre concorrência e a defesa do consumidor;
> VI – a finalidade social da rede.

O artigo referido faz a primeira ressalva à liberdade de expressão com relação a internet no Brasil, sendo esse um dos fundamentos básicos da disciplina de seu uso, assim como também protege a escala mundial da rede, não podendo então o país fechar-se para o uso de uma internet somente no Brasil, como é o caso recente que aconteceu na Rússia, onde o governo decidiu que a população poderia utilizar-se somente de uma internet russa, para que não existam "espiões" nas pesquisas de seus cidadãos[5].

O artigo 3º da Lei nº 12.965 estabelece que "A disciplina do uso da Internet no Brasil tem os seguintes princípios: I – garantia da liberdade de expressão, comunicação e manifestação do pensamento, nos termos da Constituição Federal", o disposto no artigo 8ª da Lei n. 12.965 diz o seguinte "A garantia do direito à privacidade e à liberdade de expressão nas comunicações é condição para o pleno exercício do direito de acesso à Internet.", com isso, temos mais uma norma que garante a liberdade de expressão na Internet.

Manuel Castells diz que a habilidade com a tecnologia ou a falta dela pode ser decisiva na sociedade tecnológica na transformação histórica bem como na transformação social, conforme pode ser visto a seguir:

> Sem dúvida, a habilidade ou inabilidade de as sociedades dominarem a tecnologia e, em especial, aquelas tecnologias que são estrategicamente decisivas em cada período histórico, traça seu destino a ponto de podermos dizer que, embora não determine a evolução histórica e a transformação social, a tecnologia (ou sua falta) incorpora a capacidade de transformação das sociedades, bem como os usos que as sociedades, sempre em

---

[5] BBC Brasil. Disponível em: https://www.bbc.com/portuguese/internacional-47206927

um processo conflituoso, decidem dar ao seu potencial tecnológico. (CASTELLS, 2005, p. 44-45).

O suposto vínculo entre a liberdade de expressão e a internet é quase um consenso nas sociedades que querem ser reconhecidas como sociedades digitais, por acreditarem integrar-se ao processo de globalização que é proporcionado pelas novas tecnologias (KOMESU, 2010), sendo assim, a autora afirma que sociedades só podem ser reconhecidas como digitais ao integrarem o processo de globalização, que novas tecnologias como smartphones, computadores cada vez mais rápidos e uma boa conexão com a Internet podem fornecer, no momento em que reconhecer a existência de um vínculo forte entre a liberdade de expressão e a internet.

No artigo 19 da Lei n. 12.965/2014, podemos ver uma forma de proteger a liberdade de expressão, o referido artigo diz que:

> Art. 19. Com o intuito de assegurar a liberdade de expressão e impedir a censura, o provedor de aplicações de Internet somente poderá ser responsabilizado civilmente por danos decorrentes de conteúdo gerado por terceiros se, após ordem judicial específica, não tomar as providências para, no âmbito e nos limites técnicos de seu serviço e dentro do prazo assinalado, tornar indisponível o conteúdo como infringente, ressalvadas as disposições legais em contrário.

O artigo em questão fala sobre impedir a censura à liberdade de expressão na Internet e que possíveis danos de conteúdos gerados por terceiros podem ser responsabilidade do provedor, com isso, quando a liberdade de expressão colide com o princípio da dignidade da pessoa humana, como já dito, é considerado o seu limite, o provedor de Internet pode ser responsabilizado civilmente.

Os objetivos do Marco Civil da Internet, obviamente, é de regulamentar o uso da Internet em solo brasileiro, visto que sua expansão na sociedade tornou-a como um fenômeno que pode ser descrito como onipresente no cotidiano dos cidadãos, em primeiro momento, a discussão entre os juristas brasileiros tinha um foco preponderantemente penal (MARCACINI, 2014.). O Marco Civil da Internet surgiu como um contraponto a essa proposta de criminalização, onde ficou estabelecido no âmbito civil as condutas praticadas online, antes de criminalizar (MARCACINI, 2014.), então a legislação encontrou e regulou alguns fatos sociais que acontecem somente no uso online, ou seja, são exclusivos da Internet, como a neutralidade da rede e a responsabilidade dos servidores, e também regulou situações jurídicas que não são exclusivas no espaço online, dado o caso da própria liberdade de expressão (MARCACINI, 2014.), essa regulamentação de situações jurídicas que não são exclusivamente online dá-se, especificadamente, no seu uso na própria Internet.

O tema Internet não está previsto na nossa Constituição, por óbvio, já que na época de sua elaboração, a internet ainda não era algo tão impactante na vida social dos brasileiros, tratando sobre esse assunto, pode-se afirmar que à época do Constituinte, a Internet não era algo de profundo impacto social no Brasil, motivo pelo qual nossa Constituição passou batida por qualquer deliberação a respeito do tema (SERRANO, 2011), em virtude de não ser algo que causava tanto impacto no dia a dia do brasileiro, não se fez presente na nossa Constituição, algo que faz sentido se levado em consideração o fato histórico.

Entretanto, faz-se uma ressalva a respeito da Internet e da liberdade de expressão no Brasil, a Internet, como os demais veículos, constitui um instrumento para o exercício da liberdade de informação (SERRANO, 2011.). Atualmente, para uma grande parte da sociedade, é muito mais prático e rápido ficar sabendo de notícias jornalísticas através do uso da internet do que olhar noticiários ou ouvir rádio , até mesmo ler um jornal, uma vez que grande parte, se não todos os jornais, também possuem sites onde publicam as notícias com antecedência a sua versão impressa.

Quanto tratado a respeito da liberdade aplicada às revistas e jornais, tanto aos impressos quanto aos eletrônicos, deve prevalecer a regra da liberdade, aplicando-se tanto às revistas quanto aos jornais eletrônicos o mesmo regime jurídico dos jornais impressos, com isso, torna-se desnecessária qualquer autorização estatal para que sejam produzidos ou entrem em circulação (SERRANO, 2011.), sendo assim, o autor afirma que não existe qualquer autorização necessária para que um jornal eletrônico entre em circulação.

Recentemente no país, existiu um possível caso de censura feito pelo próprio Supremo Tribunal Federal, onde uma matéria que ligava o nome do Ministro Dias Toffoli (do STF) a uma delação feita pelo empresário Marcelo Odebrecht, foi retirada de circulação, pelo também ministro Alexandre de Moraes (que é relator de um inquérito para apurar *fake news*). A notícia pertencia ao site "Antagonista" e a revista "Crusoé", que foram censuradas e tiveram que tirar do ar a notícia, ainda, foi estipulado multa de 100 mil por dia que a matéria estivesse no ar, o título da matéria retirada do ar era "o amigo do amigo de meu pai", segundo Dias Toffoli, a retirada da notícia se deu por ser uma *fake news*, que exige intervenção do Poder Judiciário (GLOBO, 2019).

Foi dito ainda que não se tratava de uma censura prévia, mas sim de responsabilização pela publicação de material supostamente criminoso e ilegal, segundo às revistas censuradas, o conteúdo foi enviado para a Procuradoria Geral da União, para decidir se cabe ou não uma investigação. Segundo matéria realizada pela Globo, o diretor da revista Crusoé disse que "reitera o teor da reportagem, baseada em documento, e registra, mais uma vez, que a decisão se apega a uma nota da Procuradoria-Geral da República sobre um detalhe lateral e utiliza tal manifestação para tratar como *fake news* informações verídicas", ainda foi dito pelo diretor da revista, Rodrigo Rangel, que "embora tenha solicitado providências ao colega Alexandre de Moraes, ainda na sexta-feira, o ministro Dias Toffoli não respondeu às perguntas que lhe foram enviadas antes da publicação da reportagem agora censurada"[6].

Nesse caso em específico, existiu, sim, uma possível censura realizada pelo próprio Supremo Tribunal Federal contra à revista Crusoé, uma vez que a matéria tratava de uma acusação sobre o então presidente do Supremo, antes de ser censurada a informação jornalística, o que talvez fosse o ideal a ser feito seria esclarecer os fatos e deixar que a investigação siga o rumo natural que está seguindo atualmente, o que não conformou a população em geral foi a censura realizada, no caso de ser, de fato, uma *fake news*, como outrora alegada, o esclarecimento viria a público, no entanto, a remoção da matéria, pela forma com a qual foi realizada, só reforça a ideia de que talvez se tratasse da verdade.

Diferente do que diz a liberdade de expressão, que não está vinculada exclusivamente à veracidade dos fatos; a liberdade de comunicação, segundo Farias, é ligada diretamente à verdade, "consequência importante, e reiteradamente enfatizada quanto ao conteúdo objetivo

---

[6] Matéria realizada pelo jornal O Globo, disponível em: https://g1.globo.com/politica/noticia/2019/04/15/stf-censura-sites-e-e-manda-retirar-materia-que-liga-toffoli-a-odebrecht.ghtml

da liberdade de comunicação, é a oportuna aplicação do critério da comprovação da verdade ao pressuposto de fato dessa liberdade (FARIAS, 2001, p. 73)", então, a liberdade de comunicação fica sempre unida com a verdade dos fatos narrados, sendo assim, aqueles que a utilizam não podem divulgar mentiras, fatos inexistentes ou qualquer outra coisa que possa alterar o real ocorrido.

Com a facilidade ao acesso da Internet, existe também a facilidade que a palavra pode ser divulgada, trazendo cada vez mais litígios ao vosso juízo causados por atos na Internet, porém, mesmo com esses litígios envolvendo pessoas públicas, que podem sentir-se ofendidas por críticas ou imagens da imprensa, ou mesmo por populares que se manifestam em redes sociais, existe uma saudável tendência, o exercício da liberdade de expressão em todo o país (MARCACINI, 2014.).

Cabe aqui uma ressalva com relações aos limites da liberdade de expressão, o exercício da liberdade de expressão é sempre bem-vindo, desde que não ultrapasse a dignidade da pessoa humana, assim a liberdade de expressão compreende a extensão e todos os limites em que as palavras e outras formas de manifestação da liberdade possam ser francamente emitidas, sem qualquer tipo de censura (MARCACINI, 2014), de forma bem prática, o Marco Civil da Internet, de fato, realiza o que se propõe a fazer, que é regulamentar a Internet, sendo que o mesmo estabelece regras relativas à conexão e tendo uma relação jurídica entre usuário e fornecedor dos serviços prestados (meios de acesso) (MARCACINI, 2014.).

A Internet pode proporcionar um ambiente muito rico de informações, com múltiplas fontes a partir de diferentes pontos de vista , ela também permite plataformas diferentes para o diálogo, para que os cidadãos interajam tanto no local onde vivem quanto com pessoas ao redor de todo o globo, trocando informações e compartilhando interesses em comum (MAIA, 2002.). Esse acesso é facilitado, como já foi dito, em sociedades tecnológicas e, atualmente, grande parte da população possui acesso a pelo menos um aparelho que pode navegar na Internet. Reafirmando então que a Internet possibilita a circulação de mensagens independentemente de territórios geográficos, de interesses sócio econômicos, culturais ou políticos, isso traz a possibilidade de alterar o sistema convencional que a informação recebe, a qual antes era concentrada exclusivamente aos agentes profissionais da comunicação (PERUZZO, 2005), é possível afirmar que, frequentemente, acredita-se que a Internet e a tecnologia podem transformar antigas formas de democracia em uma realidade (FISHKIN, 2002).

Outro grande fato a ser observado, com relação ao tema, é que além da transmissão já tradicional feita pela televisão, os últimos debates, tanto para Presidente da República quanto para Governador do Estado estão sendo transmitidos também por vários sites da Internet, como o Uol, a GloboNews e até mesmo o *Youtube*, o que facilita para parte da população ver e poder interagir com os futuros governantes, inclusive, mandar perguntas para serem feitas nos próprios debates. Conforme já dito, uma das grandes fontes de interação nessa linha, atualmente, é o *Twitter*, onde cada cidadão pode interagir com políticos, portais de notícias entre outros meios e sites possíveis de interação através do uso da Internet.

A Internet proporciona a redução da disparidade com relação a grande facilidade de comunicação que existe entre a população e seus representantes, antes existente entre a sociedade e os centros de poder político ou poder econômico, atualmente, isso foi incrivelmente reduzido, uma vez que com a tecnologia, a população tem a capacidade de fazer chegar sua voz a um número maior de pessoas, algo que era inexistente há algumas décadas, isso aproximou muito o ser humano individual, dono de uma opinião, de uma grande empresa de mídia (MARCACINI, 2014).

Tanto as grandes emissoras de TV e rádio, quanto qualquer cidadão tem a capacidade de gravar um vídeo de boa qualidade ou de gravar um *podcast* onde fala sobre assuntos que considere como relevantes para a sociedade e depois, de forma bem rápida, tornar disponível a todos que possuem acesso à Internet

(MARCACINI, 2014), isso, antigamente, antes da chegada da Internet, era algo exclusivo das grandes corporações midiáticas: produzir os conteúdos e dar publicidade geral para eles.

Na Internet, nada é esquecido e quase nada é excluído, seja considerado para o bem ou para o mal, ela une culturas diferentes, através da transmissão de dados, entrelaça várias paixões e forma também novas; a Internet é algo como a manifestação de uma conexão do homem com a sua própria essência (LEMOS, 2004), um grande exemplo disso, de nada ser esquecido, são publicações em redes sociais, tais quais como *Facebook* e *Twitter*, que ficam lá eternizados, seja até o fim da rede social em questão ou então a exclusão pelo próprio autor, porém, passam-se anos até que isso possa acontecer e o que foi dito pode vir à tona por se tratar de uma pessoa pública que tenha ofendido alguma classe social ou que tenha manifestado algum preconceito com um grupo de pessoas.

Quando é tratado sobre a liberdade de expressão nas redes sociais, é preciso tomar muito cuidado com algumas coisas, como discussões causadas no *Facebook*, em manchetes de notícias e outros lugares possibilitados pela facilidade de acesso, esses debates são sempre bem vindos, desde que sejam tratados sem ferir a dignidade da pessoa humana, todos têm o direito de expressar sua liberdade de expressão e sua opinião a respeito do assunto em pauta.

Para aqueles que não possuem acesso, ou que não sabem usar de fato os mecanismos que a Internet oferece, deveriam existir políticas tanto que ampliem o acesso a rede global quanto de capacitação (MAIA, 2002), sendo que parte da população que está acessando pelas primeiras vezes a Internet é mais suscetível a cometer alguns erros e ser enganada por pessoas que tenham algum tipo de má fé, as condições para o acesso e para a capacitação de pessoas para o uso da Internet deveria ser visto como algo urgente aos governos (MAIA, 2002).

Uma vez conectados à rede de Internet, o computador deixa de ser um PC (Personal Computer) para se tornar algo comunitário, assim, a cibercultura e o ciberespaço começam a existir (LEMOS, 2004), com a rede de computadores que une toda a população, o computador deixa de ser uma coisa isolada e passa a ser algo presente em uma comunidade mundial, onde grande parte da global população se encontra.

Foi na revolução tecnológica recente que as pessoas comuns tiveram uma capacidade de produzir e difundir informações em uma escala que pode ser comparada a uma grande agência de notícias e de informações (MARCACINI, 2014), a rapidez com que a população pode produzir e tornar acessível um texto, uma imagem, uma informação ou algum tipo de conteúdo não era algo possível antes da era da Internet (MARCACINI, 2014).

Edilsom Pereira Farias (2001, p. 73) assegura que "o conteúdo da liberdade de comunicação compreende a divulgação pública de fatos ou notícias ocorridos na sociedade". Ou seja, a liberdade de comunicação é uma forma de garantir a informação da população sobre fatos ocorridos dentro de uma determinada região ou até mesmo em todo o globo terrestre, ainda, a comunicação de massa é lavada a efeito mormente por veículos institucionalizados, aqueles chamados de órgãos de comunicação social (FARIAS, 2001, p. 175).

Em uma sociedade democrática, a presunção é de que todos os fatos da atualidade ligados aos problemas relevantes que os cidadãos enfrentam na vida social podem ser objeto de divulgação (FARIAS, 2001), claro que existem exceções a essa regra, como nem todos os fatos são noticiáveis, que são aqueles que não possuem transcendência pública para serem divulgados. Apesar disso, o autor alerta que é algo arriscado condicionar o exercício da liberdade de comunicação à constatação da verdade objetiva ou absoluta (FARIAS, 2001).

A Internet, desde que foi aberta à população de forma geral, vem produzindo um efeito de nivelar a sociedade, com o avanço dos computadores, *tablets*, *notebooks* e celulares cada vez mais poderosos e baratos, facilitando assim o acesso da população, para que possam difundir suas mensagens para grandes públicos (MARCACINI, 2014.), isso caracteriza a liberdade de expressão na Internet, um local onde cada vez mais a população pode mostrar sua opinião sobre absolutamente tudo, tendo ou não relevância para a sociedade.

A Internet aproxima as pessoas de diferentes regiões, diferentes culturas e diferentes países, sendo assim, conhecer como as outras pessoas vivem, qual o regime político a que estão submetidas, como funciona a economia de seu país e quais as suas liberdades são algumas das capacidades que a Internet nos traz, de disseminação de informação no ambiente (MARCACINI, 2014), assim, os níveis de democracia e liberdade de expressão despertam mais vontades de usufruir naqueles que têm menos liberdade de expressão, isso é permitido pela Internet, por meio da troca de experiências e da difusão de conhecimentos, que serve como um motor para o espraiamento dos ideais democráticos e, com especial ressalva, os libertários (MARCACINI, 2014).

Ainda, quando tratando de liberdade de expressão, Celso de Mello, sendo citado por Alexandre de Moraes, fala que a liberdade de expressão é uma condição inerente e indispensável à caracterização e preservação das sociedades livres e organizadas sob a égide dos princípios estruturadores do regime democrático, ou seja, para existir a democracia é necessário que exista a liberdade de expressão (MORAES, 2012.), com isso, novamente é afirmado que tanto à liberdade de expressão quanto à liberdade de comunicação são um dos pilares para uma democracia, para que exista um diálogo entre o governo e sua população.

A Internet é algo fundamental, tanto na liberdade de expressão quanto na liberdade de comunicação, uma vez que os que possuem acesso conseguem se informar, interagir com outros cidadãos e fazer o uso do debate constante a respeito de situações relevantes ao dia a dia da sociedade. Mas cabe aqui ressaltar que nem tudo na Internet é algo perfeito e bom, existe o fato de que uma parte da população se aproveita da facilidade de difundir informações para espalhar notícias falsas. Seja para difamar a imagem de uma determinada pessoa ou para mudar a opinião sobre alguma coisa que não é do interesse daquele que forja essa notícia.

Conforme poderá ser observado no capítulo seguinte, onde será tratado sobre *fake news*, elas nascem com o intuito de espalhar a desconfiança na sociedade, de gerar dúvidas a respeito dos assuntos e são, muitas vezes, espalhadas via mensagens instantâneas, recurso que é fornecido pela Internet, como a utilização das redes sociais e até mesmo de sites que forjam essas notícias para fins lucrativos. Esse assunto entra diretamente no ponto trabalhado ao decorrer desse capítulo, com relação principalmente à liberdade de expressão e a Internet.

3 O FENÔMENO DAS *FAKE NEWS* NO MUNDO CONTEMPORÂNEO

Neste segundo capítulo do trabalho, será dissertado a respeito das *fake news,* algo que pode ser considerado como um fenômeno recente, que ganhou proporções mundiais por divulgações de notícias falsas para obter alguma vantagem com relação a determinado assunto. Como por exemplo, um político paga para serem elaboradas *fake news* do seu concorrente, que difamem a sua imagem, para assim, mudar a opinião de parte da população, mais especificadamente, será trabalhado sobre seu conceito, como surgiu esse fenômeno, quais os objetivos de criar uma *fake news*, quais suas influências na liberdade de expressão e o que é a era da pós-verdade.

No primeiro ponto, serão discutidos alguns conceitos a respeito de *fake news*, também será explicado como esse fenômeno surgiu e como ganhou o mundo, no ano de 2016, com as eleições americanas, que podem ser consideradas como um marco da invasão de *fake news* que assola todo o mundo.

No segundo ponto do capítulo, será estudada a relação das *fake news* com a Sociedade de Informação. Como as *fake news* encontram uma grande facilidade de serem espalhadas com o avanço tecnológico que o mundo vive e também com a evolução da internet, que cada vez está mais rápida e mais barata, facilitando, dessa forma, que todos tenham acesso garantido aos seus serviços.

Com essa facilidade de utilizar a internet, a população recebe informações de maneira muito mais rápida, o que é algo que pode ser considerado como muito bom mas também como um grande problema uma vez que toda a informação é algo muito importante, porém existem aqueles que criam mentiras e as espalham, para causar uma desinformação para um benefício próprio ou de algum outro determinado indivíduo.

Por último, será analisada a relação das *fake news* com a liberdade de expressão, o que é algo muito importante no presente trabalho. Entender como as *fake news* se relacionam com a liberdade de expressão é fundamental para a evolução da sociedade no seu combate.

As *fake news* encontram na liberdade de expressão uma grande fonte de compartilhamento de notícias falsas, como já fora dito, todos podem difundir qualquer informação, conforme previsto no artigo dezenove da carta dos Direitos Humanos, assim, grande parte da população acaba por compartilhar coisas que nem se dá ao trabalho de ir verificar as fontes, se aquilo é ou não verdade ou se é alguma mentira criada para enganar os leitores.

3.1 A ECLOSÃO DAS *FAKE NEWS*

Um fenômeno que ganhou fama recentemente e vem se tornando cada dia um problema maior, isto é o que se pode afirmar sobre a invasão das *fake news*, algo que ganhou uma grande exposição durante a campanha do então candidato à presidência dos Estados Unidos da América, Donald Trump, na qual o candidato sempre que podia atacava a imprensa, alegando que eles não passavam de disseminadores de *fake news* sobre ele. Após sua eleição, Donald Trump chegou a incitar o povo americano contra a imprensa, em sua conta da rede social *Twitter*, onde disse que "A mídia das notícias falsas não é minha inimiga, mas sim do povo americano"[7], direcionando este *tweet* para grandes portais jornalísticos americanos, como a CNN, a ABC, o New York Times e a NBC News.

Segundo o entendimento de Polyana Ferrari, as *fake news* começaram a ganhar o mundo a partir de 2013, uma vez que várias agências e sites que veiculam notícias falsas começaram a surgir neste período, em diversos países ao redor do mundo, aproveitando a facilidade de produzir um conteúdo que não é verificado pela população ou outros meios jornalísticos, ainda, com um baixo custo editorial, ou seja, sem passar pelos processos que os jornais conceituados passam ao produzir alguma matéria, como equipes de verificação, editores e um investimento em uma boa redação, esses produtores de *fake news* abusam de *softwares* de inteligência artificial (FERRARI, 2018).

Segundo o dicionário de Cambridge, sobre o conceito de *fake news* indica que são histórias falsas que parecem como notícias, são espalhadas pela internet ou por outros meios de comunicação, usualmente criadas para influenciar visões políticas ou como piadas[8].

Tratando a respeito de um conceito de *fake news*, Leandro Karnal afirma que "*fake news* é a tentativa de confundir as pessoas de tal forma que elas nem tenham

---

[7] Twitter do presidente americano, Donald Trump, disponível em: https://twitter.com/realdonaldtrump/status/832708293516632065
[8] Dicionário de Cambridge, disponível em: https://dictionary.cambridge.org/us/dictionary/english/fake-news

mais distinção entre mentira e verdade (2018)", sendo assim, é afirmado que quem cria *fake news* quer confundir a população, o maior número possível, para que eles não consigam distinguir o que é verdade do que é mentira naquilo que estão lendo, vendo ou ouvindo. Existem duas maneiras de evitar que uma pessoa tenha acesso à verdade, uma delas é evitar dar a informação, já a outra é afogar a pessoa em um excesso de informações (KARNAL, 2018).

O mundo começou então a ver o fenômeno *fake news* de outra maneira, muitos foram os que começaram a disseminar mentiras para lucrar, como diz D'ancona "Conclui-se que há lucros a serem auferidos da linha de produção de embustes caça-cliques – afirmações médicas não científicas, teorias excêntricas, visões imaginárias de discos voadores ou de Jesus." (D'ANCONA, 2018), integram o cortejo dos espectros que rondam Donald Trump, presidente dos Estados Unidos, certas noções vagas como "pós-verdade" e "cultura pós-factual", as quais, a despeito de sua fluidez, aparecem no debate como se fossem conceitos filosóficos[1], tanto "pós-verdade" quanto "cultura pós-factual" designam uma poluição de toda a mídia por *fake news*, com isso, geram uma transformação na relação entre a verdade e a mentira (D'ANCONA, 2018).

Porém, as *fake news* não são um fenômeno que ocorre somente nos Estados Unidos, mas sim no mundo todo, aqui em nosso país, por exemplo, foi vivido um período eleitoral em que muitas *fake news* foram espalhadas através da internet, por meio das redes sociais como o *Facebook*, *Twitter* e *Whatsapp*, até mesmo pelos candidatos em seus programas de campanha e suas participações nos debates, que causam um grande efeito na população, principalmente nas redes sociais, onde já tivemos vários casos que o Tribunal Superior Eleitoral interviu e solicitou que fossem removidas várias fake news sobre candidatos.

As notícias falsas que são espalhadas vão desde imagens editadas, utilizadas para manchar a imagem de uma pessoa, vídeos que podem ser editados de algo que foi dito e então tirado completamente de contexto, até a notícias falsas, por meio de alguns sites que são pagos para escreverem notícias que não são verdades sobre pessoas, informações transformaram-se em mercadorias intercambiáveis num arranjo cujos agentes são reduzidos ao denominador comum de consumidores e cuja lógica operante é a de produção e de circulação mercantil (GIACOIA, 2017), o caso mais comum em que isso acontece é com relação a políticos.

O conceito de *fake news* é resumido muito bem por Cortella, quando ele diz que "*fake news*, como nós chamamos, tem o conteúdo malévolo à medida que distorcem a nossa consciência, prejudicam a nossa ação e deturpam a capacidade de uma convivência que seja sadia para todos (2018)", sendo assim, é necessário parar, escutar e agir contra as *fake news*, desmentindo, debatendo e refutando-as (2018).

Esses *sites* citados visam ao lucro e a outros objetivos mais obscuros. Um dos meios conhecidos de ganhar dinheiro é com a utilização de propagandas espalhadas pelos *sites*, os conhecidos anúncios; já entre os objetivos obscuros que podem também possuir, situam-se o de alcançar um resultado eleitoral pré-determinado, formar e influenciar correntes de opinião, induzir metas de políticas públicas e reforçar vínculos de identificação coletiva, formatando maneiras de pensar e sentir[9] durante períodos eleitorais, como por exemplo o caso da eleição de 2018. Nesse, houve empresas que apoiaram um determinado candidato, acusadas de financiar um "caixa dois" para um serviço chamado de "disparo em massa", que criou *fake news* a respeito de seu concorrente e as espalhava, principalmente, nos grupos de *Whatsapp*. (GIACOIA, 2017). Mas é importante ressaltar que, até o presente momento, nada ainda foi comprovado firmemente, tendo-se somente acusações a respeito disso.

Para aqueles que estão na mídia digital, o anonimato reduz drasticamente a responsabilização. A agitação da colmeia envia a efervescência do embuste

---

[9] GIACOIA, Oswaldo Júnior. *E se o erro, a fabulação, o engano revelarem-se tão essenciais quanto a verdade?* São Paulo: 2017. Disponível em:
<https://www1.folha.uol.com.br/ilustrissima/2017/02/1859994-e-se-o-erro-a-fabulacao-o-engano-revelarem-se-tao-essenciais-quanto-a-verdade.shtml>.

para o ciberespaço para fazer o seu trabalho (D'ANCONA, 2018), o que pode se dizer disso é que a notícia falsa simplesmente é postada em um site e todo o trabalho de espalhá-la é feito por quem leu o seu conteúdo e acabou acreditando na mentira.

No Brasil, grande parte do combate é feito pela própria mídia, como investigar o boato que foi espalhado e posteriormente trazer a verdade à tona, isso engloba mensagens passadas pelo *Whatsapp*, notícias de sites que talvez não sejam muito confiáveis à primeira vista, uma vez que seguem uma listagem de observações, que serão tratadas mais a frente, e disseminadores de *fake news* entre outros.

Porém, é muito difícil de ser controlado o que é postado em redes sociais como o *Facebook* e o impacto que algo mentiroso pode causar a outra pessoa, a *web* é o vetor definitivo da pós-verdade, exatamente porque é indiferente à mentira, à honestidade e à diferença entre os dois (D'ANCONA, 2018), não é pelo excesso de versões, portanto, senão pelo seu exato oposto, que a opinião pública nacional desacredita dos fatos e se nutre de factoides imaginários, cevados na ignorância e no preconceito (PIORILO, 2018).

Algumas das principais notícias falsas que circularam neste país durante o período eleitoral de 2018 envolveram ataques ao partido político que fazia parte da esquerda, principalmente, agredindo o seu candidato a presidente e a sua vice. Algumas das *fake news* foram disseminadas por agências de renome e prestígio no cenário brasileiro, essas empresas chegaram a ter que prestar explicações as quais mostrassem o que era verdadeiro em determinadas notícias e o que era mentira. Um exemplo dessas *fake news* foi que o então candidato à presidência do Brasil, Fernando Haddad, teria sido responsável por um programa que distribuiria mamadeiras nas creches com forma do órgão genital masculino.[10] Por mais ridícula que essa *fake news* possa parecer, teve um público que acreditou na informação e foi, então, necessário ser desmentida (REVISTA ABRIL, 2018).

Durante o período que antecedeu o primeiro turno da eleição, segundo uma reportagem da Exame,[11] o então ainda candidato à presidência, Jair Bolsonaro, era quem mais detinha *fake news* ligadas a seu nome. De acordo com os dados dessa revista, de doze boatos que surgiam e que mais tiveram crescimento nas buscas, sete eram ligados ao candidato do PSL.

Também, a mesma fonte informa que, durante o mesmo período, o Partido dos Trabalhadores montou uma equipe de monitoramento das redes sociais, de modo que centenas de *sites* que eram considerados

---

[10] REVISTA ABRIL. *TSE determina remoção de fake news contra Haddad*. 2018. Disponível em:
<https://exame.abril.com.br/brasil/tse-determina-remocao-de-fake-news-contra-haddad/>.

[11] REVISTA EXAME. *Disseminação de fake news para atacar candidatos marca eleição*. 2018. Disponível em:
<https://exame.abril.com.br/brasil/disseminacao-de-fake-news-para-atacar-candidatos-marca-eleicao>.

como responsáveis pela disseminação de *fake news* foram vigiados.[12] Assim, cada vez que o nome do então candidato à presidência, Fernando Haddad, que concorria pelo PT, era citado, essa equipe de monitoramento recebia uma espécie de alerta, possibilitando-lhe entrar em ação para, se necessário, desmentir o fato. Conforme a Exame, essa equipe de monitoramento sempre acionava a Justiça para que a mentira fosse removida.[13]

Em se tratando de *fake news*, tem-se que entender o mundo conectado no qual estamos inseridos, onde com um simples toque no celular temos computadores portáteis, que estão sempre em nossos bolsos prontos para serem utilizados para tantos afazeres, desde como lazer a até mesmo pesquisas feitas para estudos. Sobre a sociedade tecnológica, Manuel Castells diz que a habilidade ou a falta dela pode ser decisiva na sociedade tecnológica na transformação histórica, bem como na transformação social, conforme pode ser visto a seguir:

> Sem dúvida, a habilidade ou inabilidade de as sociedades dominarem a tecnologia e, em especial, aquelas tecnologias que são estrategicamente decisivas em cada período histórico, traça seu destino a

---

[12] REVISTA EXAME. *Disseminação de fake news para atacar candidatos marca eleição..* 2018. Disponível em: <https://exame.abril.com.br/brasil/disseminacao-de-fake-news-para-atacar-candidatos-marca-eleicao/>.

[13] REVISTA EXAME. *Disseminação de fake news para atacar candidatos marca eleição..* 2018. Disponível em: <https://exame.abril.com.br/brasil/disseminacao-de-fake-news-para-atacar-candidatos-marca-eleicao/>.

> ponto de podermos dizer que, embora não determine a evolução histórica e a transformação social, a tecnologia (ou sua falta) incorpora a capacidade de transformação das sociedades, bem como os usos que as sociedades, sempre em um processo conflituoso, decidem dar ao seu potencial tecnológico. (2005, p. 44-45).

O autor Manuel Castells fala sobre os atores sociais, que podem ser consideradas as pessoas que utilizam os meios de comunicação atuais, onde ele diz que "entendo o processo pelo qual um ator social se reconhece e constrói significado principalmente com base em determinado atributo cultural ou conjunto de atributos, a ponto de excluir uma referência mais ampla a outras estruturas sociais" (2005, p. 57-58), esse processo poderia ser um meio de formar opiniões, o qual os atores sociais utilizam.

O problema da pós-verdade é tão relevante em no Brasil, principalmente durante o período eleitoral de 2018, que o Ministro Luiz Fux, quando participava do quadro Sociedade da informação e os desafios da desinformação, no 28º Congresso Brasileiro de Radiofusão, falou que se uma candidatura "se calcou preponderantemente em *fake news*, essa candidatura pode ser anulada", neste mesmo congresso, o ministro novamente falando sobre este assunto, disse que, "é importante que haja uma lisura informacional para que o cidadão conheça das aptidões daquele que vai representa-lo no Parlamento. Uma *fake news* pode criar uma poluição informacional capaz de gerar no eleitor uma dúvida e colocá-lo em uma posição em que ele não vai indicar aquele que pretendia fazê-lo no prévio eleitoral" (2018).

Mesmo com essa forte declaração feita pelo Ministro Luiz Fux, até o presente momento, nada foi feito com relação às *fake news* de 2018, o Ministro alegou que as mesmas poderiam ser até mesmo anuladas, porém o presidente eleito em 2018 já está quase completando um ano de governo e nada foi feito com relação à massiva emissão de *fake news*.

Cabe ressaltar que a intenção das *fake news* é o de causar uma desinformação, de modo a inundar os suportes de difusão de mensagens com afirmações falaciosas e distorções sensacionalistas no intuito de minar as bases de confiança, tanto dos veículos tradicionais de comunicação quanto das diferentes redes informáticas que se aninham na internet (GIACOIA, 2017), tudo o que importa nessas histórias é que elas pareçam verdade (D'ANCONA, 2018).

A fala de Oswaldo Giacoia Júnior reflete bastante o nosso atual ambiente virtual e de notícias, no qual algumas fontes são descreditadas e pessoas preferem acreditar no que é enviado pelo aplicativo *Whatsapp*, pois o consideram como não influenciado pelas *fake news*, o autor fala que "O leitor, largado num meio sabidamente repleto de mentiras, pode nivelar por baixo e duvidar de todos os conteúdos publicados, ou pode agarrar-se àqueles que lhe pareçam mais apropriados (GIACOIA, 2017)".

O posicionamento do ministro Marco Aurélio Mello, do Supremo Tribunal Federal, é de que "As ideias são incontroláveis. O que nós precisamos é, posteriormente, diante de uma mentira intencional – e não me refiro ao erro, e sim a uma inverdade – ter as consequências jurídicas. Mas a priori, qualquer regulamentação soaria como censura"[14], novamente é possível citar a eleição de Donald Trump, que na era da pós-verdade, tudo se passa como se a verdade simplesmente não existisse e todos os pontos de vista tivessem valor idêntico – como se a suposta "verdade" divulgada pelo governo americano não fosse pior do que a "verdade" factual apurada pelos jornais tradicionais. (GIACOIA, 2017).

O ministro do Supremo Tribunal Federal, Alexandre de Moraes, quando comentando sobre o primeiro turno da eleição brasileira, afirmou "que *fake news* não tiveram qualquer influência nesta eleição, nenhuma, nenhuma influência. (...) falar que *fake news* tirou um candidato, ajudou outro, eu sinceramente acho que não teve nenhuma influência eleitoral" (MORAES, 2018).

Não existem dúvidas de que a eleição de 2018, no Brasil, foi muito conturbada. Grande parte dessa

---

[14] Disponível em:
http://agenciabrasil.ebc.com.br/politica/noticia/2018-08/norma-sobre-fake-news-poderia-resultar-em-censura-diz-ministro-do-stf

turbulência que ocorreu durante o período eleitoral foi causada pelas *fake news*, que, pode-se afirmar, estavam sendo criadas e espalhadas entre a população, a todo o vapor.

Como já foi dito anteriormente, na parte na qual tentou-se explicar a origem das *fake news*, um dos principais meios de propagação dessa infestação de notícias é o aplicativo de mensagens *Whatsapp*, muito utilizado pelos brasileiros.

Para Leandro Karnal, o problema das *fake news* com relação à política é que o discurso político não é baseado em argumentos, mas sim em convencimento da população, uma vez que exista o excesso de informação, seja verdadeira ou falsa, o político busca eleitores e não pensadores, já que não somente é publicada uma calúnia ou uma mentira, mas dinamita-se a verdade do fato (KARNAL, 2018).

Com o excesso de informação é possível caluniar e ainda fazer com que a pessoa fique perdida e não acredite em mais nada (KARNAL, 2018) com relação a um determinado fato ou algum veículo que divulga notícias que são as contrárias adotadas no discurso político.

Segundo reportagem de Juliana Gragnani, na qual existem falas de Francisco Brito Cruz, diretor do InternetLab, que é o centro de pesquisas sobre Direito e tecnologia no campo da internet, a crise das instituições de mediação se soma a uma divisão política muito agravada no Brasil, desde 2013, que foi um ano de grandes manifestações no país (BBC Brasil, 2018).

Existe uma grande dificuldade de competição entre a mídia e esses novos atores comentados por Cruz, porque um veículo de propaganda faz dez manchetes em uma hora, enquanto a imprensa profissional mobiliza mais recursos para produzir reportagens de verdade;[15] já os que se dispõem a criar as *fake news* apenas têm interesse em falar o pior possível sobre um candidato, enquanto "endeusam" o outro candidato, aquele que, elaboradores de notícias falsas querem ver vitorioso a qualquer custo.

Cabe ressaltar que, apesar de surgirem grandes ondas de *fake news* durante os períodos eleitorais, as mesmas não estão estritamente vinculadas a esse tempo, sendo divulgadas nas mais diversas fontes e as mais diversas notícias a respeito de vários assuntos.

Até mesmo o processo eleitoral brasileiro chegou a ser questionado por eleitores de um dos candidatos com ameaças de declararem a existência de fraude se não ganhassem a eleição. Pediram o voto impresso ou por cédulas e, posteriormente, eleitores desse mesmo candidato gravaram vídeos das urnas eletrônicas, onde digitavam o número do candidato à presidência e obtinham como resposta a inscrição de "número

---

[15] GRAGNANI, Juliana. *Por que o Brasil se transformou em terreno fértil para a difusão de notícias falsas durante as eleições.* 2018. Disponível em: <https://www.bbc.com/portuguese/brasil-45978191>.

inválido", o que lhes servia como base para denunciarem uma suposta fraude. Isso, porém, logo foi explicado: no vídeo, o eleitor indicava o número do candidato à presidência na hora de escolher o seu governador, fato que causava o erro na urna, dando motivo para invalidar o voto.[16]

No Brasil, uma das *fake news* mais conhecidas foi a criação de um suposto "kit gay", que seria distribuído pelo MEC para crianças nas escolas de todo o Brasil com intuito de orientar sobre o sexo, o maior defensor dessa *fake news* é hoje o presidente brasileiro, que em época de campanha eleitoral, nos anos anteriores, chegou a pegar um suposto livro desse kit gay e ir em jornais de TV com o mesmo, alegando que seria criação do governo anterior, que eles queriam distribuir aquilo para as crianças (GAZETA DO POVO, 2018).

Porém, esse livro na verdade era um material criado pela Comissão de Direitos Humanos da Câmara dos Deputados ao Ministério da Educação que era uma proposta sobre o "Escola Sem Homofobia", elaborado ainda em 2004, tal livro tinha como objetivo promover "valores de respeito à paz e à não-discriminação por orientação sexual", o kit gay alegado pelo presidente Bolsonaro nunca existiu.[17]

---

[16] GAZETA DO POVO. *Número de Bolsonaro apareceu como "nulo" em vídeos porque eleitores votavam para governador.* 2018. Disponível em:
<https://especiais.gazetadopovo.com.br/eleicoes/2018/fake-news/numero-de-bolsonaro-apareceu-como-nulo-em-videos-porque-eleitores-votavam-para-governador/>.
[17] BRASIL ÉL PAÍS. *Bolsonaro mente ao dizer que Haddad criou "kit*

O problema da *fake news* citada anteriormente é que até ela ter sido esclarecida e até mesmo depois de tal acontecimento, existia e ainda existe muita gente que acredita no tal kit gay, e seguem tudo que é dito por políticos sem nem questionar ou pesquisar antes, se de fato é verdade aquilo ou não, as multidões que os seguem cegam-se para a verdade, tendo a palavra de um político como absoluta, cabe muito bem ressaltar que o caso aqui citado foi sobre o presidente Jair Bolsonaro, no entanto, o que foi dito aplica-se a todos os seguidores de políticos que não questionam suas ações, suas falas e seus métodos de chegar ao poder.

Falando a respeito das *fake news* na vida da sociedade, Ferrari diz que "a questão das *fake news*, das bolhas, do Bullying, de gênero, isso faz parte da vida dos jovens todos os dias. Escolher deixar isso de fora é perder a chance de ajudá-los a sair da bolha, a construir seu senso crítico (FERRARI, 2018)". O tema está com tanto foco que a redação do Exame Nacional do Ensino Médio (ENEM) de 2018 tratou sobre bolhas sociais, sendo mais preciso, o tema era "manipulação do comportamento do usuário pelo controle de dados na Internet", ou seja, controlando dados, as pessoas são manipuladas por empresas como o *Facebook*, o *Google* e o *Instagram* (ABRIL, 2011)[18].

---

gay". 2018. Disponível em:
https://brasil.elpais.com/brasil/2018/10/12/politica/1539356381_052616.html
[18] REVISTA ABRIL, 2011. Disponível em:
https://exame.abril.com.br/tecnologia/facebook-revela-como-

Basta uma pesquisa em algum desses *sites* ou em qualquer outro, como, por exemplo, os de compras, que os produtos pesquisados e, até mesmo, os produtos similares começam a aparecer nos perfis das redes sociais. A vigilância que se sofre é tanta que basta falar de algum produto com o telefone por perto que os resultados vão ser os mesmos que se houvesse feito uma pesquisa própria sobre o que foi dito.

Existe uma forte ligação entre as bolhas sociais e a disseminação de *fake News*. Uma vez que um determinado grupo A de pessoas recebe uma notícia falsa, e essa mesma notícia tem a capacidade de afetar seu lado emocional –seja pela raiva ou pela tristeza, por exemplo – esse mesmo indivíduo, parte do grupo A, vai repassar a notícia para o grupo B e assim por diante. As bolhas sociais facilitam essa propagação de *fake news*, justamente, por fecharem um determinado grupo em um círculo, a ponto de grande parte do que eles receberem via *Whatsapp* ou virem nas postagens de amigos no *Facebook* serem mentiras que são repassadas e compartilhadas, repetindo o processo inúmeras vezes, até que o alcance tomado pela mentira seja imenso e uma boa parte da população já a tenha recebido.

Algumas *fake news* causaram grande comoção global, como o caso do suposto crucificamento de um menino russo, segundo essa *fake news*, logo no início da guerra de Donbass, uma mulher, que supostamente era uma refugiada russa, havia contado para o canal de TV Channel One Russia, em doze de julho de 2014, que soldados ucranianos haviam crucificado publicamente um menino de três anos de idade, que a criança havia sofrido durante uma hora inteira.

No entanto, na verdade, a suposta refugiada russa era mulher de um militante pró-russo e falou aquilo para tentar justificar a guerra, até mesmo o local no qual a mulher havia dito que teria acontecido essa barbaria foi inventado, apesar disso, à época, essa notícia teve grande repercussão dentro da Rússia e acabou aparecendo em vários estudos realizados como um exemplo de desinformação nos meios de comunicação em massa[19]. O citado aqui é somente um exemplo dos milhares que aconteceram e estão acontecendo ao redor de todo o globo e que causam grande prejuízo, até mesmo conflitos entre populações por causa de algo inventado, de uma desinformação.

De forma resumida, pode-se dizer que *fake news* são uma manobra para causar uma desinformação em massa da população, afogando a sociedade em um excesso de informações. Tendo sido dito como um dos principais meios de causar a desinformação, as *fake news* visam alterar fatos ou até mesmo inventar novas informações a respeito de determinado assunto para mudar a opinião das pessoas, que muitas vezes

---

[19] BBC. *Três casos de fake news que geraram guerras e conflitos ao redor do mundo*. 2018. Disponível em: https://www.bbc.com/portuguese/geral-43895609

acreditam na primeira informação que acabam recebendo, seja por rede social, televisão, rádio ou qualquer outro meio de comunicação em massa que exista.

É aí que entra o segundo ponto de estudo desse capítulo, o qual trata da ação da pós-verdade na Sociedade da Informação, que é encontrado um grande manancial de informações, devido aos avanços tecnológicos obtidos durante a evolução humana, mas principalmente com a invenção da Internet e o que é o *fact-checking*, uma ferramenta muito importante no combate às *fake news*.

3.2 A AÇÃO DA PÓS-VERDADE NA SOCIEDADE DE INFORMAÇÃO E O *FACT-CHECKING*

Para iniciar o estudo da pós-verdade na Sociedade de Informação, primeiramente, é necessário conceituar a Sociedade de Informação, o que ela significa, como ela surgiu e como está inserida na nossa Constituição Federal. A sua criação se deu por volta do século XXI, diante de um novo processo civilizatório representativo da manifestação de novas culturas, a ter caráter marcadamente difuso, particularmente em face das formas, processos e veículos de comunicação em massa (FIORILLO, 2017).

Ainda é necessário falar sobre a criação e a função da Internet na difusão da pós-verdade e das *fake news*, bem como trabalhar a respeito do *fact-checking*, que nada mais é do que o ato de verificar se a informação recebida é verdadeira ou não, sendo esses os principais temas desse subcapítulo[20].

A pós-verdade tem seu conceito em uma notícia em que, de primeira, a população passa a acreditar na informação que está sendo repassada para só posteriormente ir pesquisar os fatos e ver se aquilo que foi recebido é de fato verdade ou não (D'ANCONA, 2018)

A versão da sociedade que está sempre conectada à Internet é formada por "atores sociais", e eles podem ser considerados como o primeiro elemento das redes sociais, são representados pelo nós e tratam-se das pessoas envolvidas na rede que se analisa (RECUERO, 2017). A rede social é formada por todas as pessoas que, ao decidirem entrar em alguma delas, acabam por se integrarem a essa grande sociedade virtual. Sendo partes do sistema, os atores sociais atuam de forma a moldarem as estruturas por meio da interação e da formação de laços sociais (RECUERO, 2017). Todas as pessoas, ao fazerem parte das inúmeras redes sociais, têm como objetivo criar laços com outros indivíduos que também estão presentes nesses *sites*, sejam pessoas já conhecidas ou novas amizades que se iniciam.

Outra ferramenta que também pode ser considerada recente é a difusão da rede de

---

[20] Pública. Disponível em:
https://apublica.org/2017/06/truco-o-que-e-fact-checking/

computadores de alcance mundial, formada por inúmeras e diferentes máquinas interconectadas em todo o mundo (FIORILLO, 2017), ou como é mundialmente conhecida, a Internet.

Essas mudanças foram abordadas por nossa Constituição em dois artigos, o primeiro, o artigo 215, fala que "O Estado garantirá a todos o pleno exercício dos direitos culturais e acesso às fontes da cultura nacional, e apoiará e incentivará a valorização e a difusão das manifestações culturais.", no qual se pode observar que é uma obrigação do Estado o pleno exercício dos direitos culturais, bem como o acesso às informações, também ele deve incentivar e valorizar difusões de manifestações culturais, o artigo 216, bem como seus respectivos parágrafos e incisos elencam o que pode ser considerado como patrimônio cultural brasileiro, tanto o material como o imaterial. Fiorillo fala sobre os direitos da Sociedade de Informação:

> Os deveres, direitos, obrigações e sanções que decorrem da existência da Sociedade de Informação são por via de consequência estruturados juridicamente em nosso país dentro de fundamentos democráticos e objetivos concretos que orientarão os princípios fundamentais do denominado Direito da Sociedade de Informação. (2017, p. 3).

Quando falamos de internet e sociedade de informação, podemos falar que a instantaneidade da informação gera consequências mais complexas que, apesar de não serem objeto de análise aqui, facilmente permitem concluir que há, na realidade, uma nova civilização, possivelmente nunca antes imaginada (ADOLFO, 2006).

Em se tratando de tecnologia, Mário Sérgio Cortella diz que "uma das coisas mais fortes da tecnologia é que ela permite uma ampliação na nossa capacidade de conhecimento, organização e de agregação de forças para uma vida mais decente (2018)", com isso, o filósofo deixa clara a importância da tecnologia na sociedade atual, porém ele alerta que existe um problema, já que a tecnologia não é neutra em seu modo de uso, posto que a rede social que permite uma expansão de boas práticas e ideias, também admite coisas ruins, como desvio de ideais e da dissimulação (CORTELLA, 2018).

Tratando a respeito do controle de informações que o *Facebook* possui sobre seus usuários, pode ser dito que Zuckerber queria tomar o modelo do *Feed* de Notícias, que é a página na qual as postagens dos amigos e de páginas que são curtidas irão aparecer, que era utilizado para organizar as informações sociais e aplica-lo a toda informação disponível, o objetivo disso era claro, era aproveitar-se do gráfico social e da massa de informação que eram e são fornecidas por todos os usuários do *Facebook* para colocar um algoritmo de notícias do *Facebook* no centro da própria rede (PARISER, 2017).

É possível afirmar com clareza que, hoje, o *Facebook* sabe muito mais de nós e até mesmo de nossos amigos do que nós mesmos, já que ele armazena dados sobre os gostos pessoais, o que é procurado em sua página e até mesmo uma estimativa de renda do usuário, baseando-se nisso, ele oferece um *feed* diferente para cada usuário, onde apresentará coisas relacionadas a interesses pessoais e possíveis objetos de compra com a renda do indivíduo.

O *Facebook* deu aos seus usuários a opção de simplesmente apertarem um botão e "curtir" qualquer item da sua rede, segundo os dados, durante as primeiras vinte e quatro horas desse serviço, os usuários clicaram no botão "curtir" aproximadamente um bilhão de vezes e todos esses dados fluíram de volta para os servidores do *Facebook* (PARISER, 2017).

A sociedade é que dá forma à tecnologia de acordo com as necessidades, valores e interesses das pessoas que a utilizam. Além disso, as tecnologias de comunicação e informação são particularmente sensíveis aos efeitos dos usos sociais da própria tecnologia (CASTELLS, 2005).

Apesar do que foi dito, Manuel Castells faz o seguinte alerta com relação à tecnologia, "é condição necessária mas não suficiente para a emergência de uma nova forma de organização social baseada em redes (2005, p. 17)," Castells continua seu pensamento dizendo que "ou seja, na difusão de redes em todos os aspectos da atividade na base das redes de comunicação digital (2005, p. 17)".

O chamado ciberespaço, em primeiro lugar, não determina automaticamente o desenvolvimento da inteligência coletiva, apenas fornece a essa inteligência um ambiente propício (LEVY, 1999), além disso, a comunicação em rede transcende fronteiras, a sociedade em rede é global e é baseada em redes globais (CASTELLS, 2005), o ciberespaço tem características estruturais básicas. A primeira é que ele é marcado pela imaterialidade.

Esta característica decorre da constatação que seus processos *online* prescindem totalmente dos obstáculos do território físico, palpável, visível (ADOLFO, 2006), ainda, existem outras características citadas por Gonzaga Adolfo, que são a velocidade, a espectralização (pois na maioria das vezes não existe contato físico), uma definição própria do que é virtual no ciberespaço (ADOLFO, 2006) e uma quinta característica que tem relação com a interatividade, que nutre o ciberespaço, aquela já disponível na lógica da relação específica com computadores e softwares (ADOLFO, 2006).

Esse processo é um meio de formar opiniões que os atores sociais utilizam sobre a Sociedade em Rede, como ela é chamada por Castells. Pode-se dizer que as pessoas, os atores sociais, as empresas, os políticos, ou seja, todos os indivíduos que utilizam a rede, nenhum deles têm que fazer algo para atingir ou desenvolver a denominada Sociedade em Rede, sendo que todos já estão na Sociedade em Rede, com a ressalva de que ainda não são todos, nem todas as coisas que estão incluídas nas redes de cada um (CASTELLS, 2005).

Quando se trata sobre a dificuldade de comunicação e convívio entre os atores sociais, visto que há diferença da interação frente a frente, em que se pode observar a pessoa com quem se conversa e entender melhor algo que possa ter ficado nublado, já que não existem pistas imediatas da linguagem não-verbal, a interpretação de contexto da comunicação precisa ser negociada durante o processo de comunicação, afinal, é tudo construído pela mediação do computador (RECUERO, 2017).

Guareschi falando sobre como a Internet pode alterar a maneira de entendimento da comunicação interpessoal assegura que "Ninguém que está inserido diariamente nas redes sociais segue sendo a mesma pessoa. Mas não é um mundo exotérico: há uma inter-relação online/off-line" (GUARESCHI, 2013).

Pariser comemora o surgimento das chamadas notícias narradas pelas pessoas e considera essa como uma forma mais democrática e participativa de tecer narrativas culturais (2017), porém, faz uma ressalva a respeito do futuro, no qual diz que o futuro, no entanto, talvez seja mais narrado por máquinas do que por pessoas, os casos pioneiros de protagonismo individual ilustram melhor a nossa realidade do que ilustram as notícias do futuro (PARISER, 2017).

Segundo o entendimento de Gonzaga Adolfo, quando tratado da Sociedade de Informação, "A nova realidade configura-se da virtualização que afeta não somente a informação e a comunicação, como também os corpos, o funcionamento econômico, os quadros coletivos da sensibilidade ou exercício da inteligência. (ADOLFO, 2006, p. 192)".

Humberto Jacques, Procurador-Geral do Tribunal Superior Eleitoral, discorrendo sobre o aplicativo de mensagens *Whatsapp*, observou que "querer invadir, policiar e controlar comunicações interpessoais é algo atentatório ao regime democrático, ainda que você queira fazer isso com a melhor das intenções. Precisamos refrear qualquer instinto de censura."[21]

Sobre uma possível solução que pode ser realizada a partir de um aplicativo, esse Procurador-Geral recomendou que se melhorasse a ferramenta de checagem dos fatos, sugerindo a adoção do sistema do México, em que é possível enviar uma mensagem recebida pelo aplicativo para uma agência que apura se o fato é verídico ou não.

Recentemente, no mês de julho de 2019, foi aprovada a Comissão Mista de Inquérito sobre *fake*

---

[21] JACQUES, Humberto. *Eleições, checagem no Whatsapp pode melhorar*. 2018. Disponível em: <https://politica.estadao.com.br/noticias/eleicoes,checagem-no-whatsapp-pode-melhorar-diz-vice-procurador-geral-eleitoral,70002550272>.

news nas eleições brasileiras de 2018, a qual terá 180 dias para investigar "denúncias de ataques cibernéticos que atentam contra a democracia e o debate público, de cyberbulling, de uso de perfis falsos para influenciar sobre eleições de 2018, de aliciamento de crianças para crimes de ódio e suicídio e contra autoridades", a Comissão será composta por 15 deputados e 15 senadores, com indicações partidárias[22].

Outras empresas de mídia também combatem as fake news: elas visam à busca da pós-verdade espalhada e ao esclarecimento do fato. Alguns exemplos são o Globo e a Rádio Gaúcha, que apresentam uma iniciativa muito boa, porém, mesmo esclarecendo os fatos, nem sempre as pessoas acreditam no que é dito, pois muitas delas preferem confiar naquilo que lhes é conveniente.

D'Ancona defende que "as tarefas triviais de pesquisa e recuperação de informação que costumavam consumir dias podem agora ser realizadas em segundos em um smartphone ou em um tablet (D'ANCONA, 2017, p. 109)". Com isso, ele quer dizer que, hoje, o acesso à informação é muito mais facilitado do que era antigamente, ficou muito fácil distinguir uma *fake news* de uma notícia verídica. Bastam alguns segundos e o acesso à Internet que a verdade aparece sem que se faça muito esforço.

---

[22] AGÊNCIA BRASIL. *Fake news nas eleições de 2018 serão alvo de Comissão mista no Congresso.* 2019. Disponível em: http://agenciabrasil.ebc.com.br/politica/noticia/2019-07-fake-news-nas-eleicoes-2018-serao-alvo-de-comissao-mista-no-congresso

Falando sobre como se proteger das *fake news*, Cortella diz que elas estão muito bem estruturadas por alguns grupos que têm nisso o seu modo de conduta na vida coletiva (2018), para enfrentar as *fake news*, o filósofo faz uma analogia com os sinais que existiam nos trilhos de trem, sendo que todas as vezes que era necessário atravessar os trilhos, seja pedestres ou automóveis, podia-se ver uma placa, para lembrar sobre o trem, sendo assim, Cortella compara com os dias atuais, já que precisamos parar, olhar e escutar com atenção as notícias que chegam diariamente, para não cair em uma armadilha de tomar alguma posição, seja a favor ou contra um determinado assunto antes de ter clareza dos fatos, se aquela notícia faz sentido e se existem outras fontes confiáveis (CORTELLA, 2018).

A mentira precisa de dois polos, precisa do emissor da *fake news*, mas também precisa do receptor e, a quem recebe, cabe verificar a fonte, a data, o interesse e identificar quem é que ganha com aquela *fake news*, uma vez que o emissor daquilo quer o eleitor do seu lado e não a verdade (KARNAL, 2018), a fala de Karnal reflete sobre como a sociedade deve agir ao enfrentar uma possível *fake news*, que deve pesquisar sobre a verdade do fato antes de sair divulgando o mesmo, antes de sair por todos os seus círculos de amizades espalhando uma mentira.

Essa invasão da pós-verdade começou na primeira década desse século, com a disponibilidade ao alcance de banda larga que possuía uma alta velocidade, sendo assim, a Internet acabou transformando-se no meio mais barato e rápido de publicação já inventado (D'ANCONA, 2018).

Cabe ressaltar que a Internet é algo fundamental para obter informações e trouxe uma grande facilidade para a humanidade, é impossível pensar em um mundo sem *smartphones*, sem *Facebook*, sem *Whatsapp*, sem *Google* e até mesmo sem o Youtube, até locais como hospitais, escolas e universidades sem o acesso à Internet é algo difícil de imaginar nos dias de hoje (D'ANCONA, 2018).

As redes sociais são um grande instrumento de difusão das *fake news*, podendo, inclusive, ser dito que elas são o palco da disseminação de um dos principais produtos da pós-verdade: as *fake news* e a discussão sobre o potencial impacto na política e na vida da sociedade (SPINELLI, 2018).

Para D'ancona, apesar de ser um grande avanço para a sociedade, a *web* é um espelho da humanidade, junto com seus muitos méritos ela também permitiu e acentuou o que existe de pior no ser humano, funcionando como um local para terroristas e um refúgio para trapaceiros (D'ANCONA, 2018), o que é inegável, uma vez que a sociedade está conectada à Internet, obtendo facilidade no acesso de coisas que antes não eram tão fáceis, existem também pessoas que trabalham para enganar os outros, tentando obter seus dados bancários, por exemplo.

A busca pela verdade tornou-se tão insignificante que em pleno século XXI existe uma boa parte da parcela da população global que ainda acredita que a Terra seja plana ou até mesmo que a vacinação de crianças, fornecidas pelos governos para o combate de doenças, sejam causadoras de autismo, basta uma simples checagem sobre estes fatos no Google para observar a quantidade de resultados, que em plena era de Informação chega a ser assombroso.

A verdade deixou de ser algo fundamental para que a população pudesse basear suas crenças e opiniões naquilo que lhes é conveniente, refutando completamente a opinião contrária e recusando-se a acreditar até mesmo em fatos científicos que comprovam que elas estão incorretas.

A população, de modo geral, acabou se acostumando com o uso das mentiras pelo meio político, ela passou a considerar que a mentira se tornou uma regra e não mais uma exceção. Com isso, deixou de ser esperado que os políticos eleitos falem a verdade (D'ANCONA, 2017.), passando-se a acreditar que a população já entrou em uma espécie de sentimento de indiferença quanto à relação de políticos e mentiras, pois o que era uma exceção, quando havia poucas mentiras, acabou se tornando a regra e quem, hoje, fala a verdade passou a ser considerado uma exceção.

Segundo o jornal El País, as *fake news* são mais compartilhadas nos Estados Unidos da América hoje do que eram na campanha presidencial de Donald Trump[23], ou seja, apesar de todos os esforços para evitar *fake news* feitos por jornais e outros meios de comunicação, como as redes sociais, a população ainda continua compartilhando mentiras e dados falsos com seus círculos de amigos.

Tratando a respeito da pós-verdade, Karnal (2017) diz que ela é mais complexa que a simples mentira, pois se pressupõe que seja perdida a necessidade, o nexo e o vínculo com o real e passe a achar que se está na rede social é uma verdade. A pessoa que, mesmo que tenha acesso à toda a informação disponível ao seu alcance, ainda prefere acreditar em uma mentira, que satisfaça algum desejo seu ou uma opinião pessoal sua, passa a praticar a pós-verdade.

A seleção da verdade é feita de forma sentimental e afetiva, uma vez que falem algo ruim a respeito de uma determinada pessoa e um indivíduo concorda com o que foi dito, ele passa a acreditar naquilo, não importando se é ou não verdade (KARNAL, 2017).

O *fact-checking* é uma checagem de fatos, estabelece um confronto de histórias com dados, pesquisas e registros, por exemplo, se um político jura

---

[23] EL PAÍS. *As notícias-lixo são mais compartilhadas nos EUA hoje do que em 2016*. 2019. Disponível em:
https://brasil.elpais.com/brasil/2018/11/05/tecnologia/1541424836_4 30010.html

que nunca foi acusado de corrupção, existem registros judiciais que irão dizer se aquela fala é verdade ou se é uma *fake news*. O *fact-checking* é uma forma de qualificar o debate público por meio da apuração jornalística[24]. Ou seja, busca-se elucidar fatos ditos por formadores de opiniões, busca esclarecer se aquilo que foi dito é uma verdade, seja total ou em partes (como aumentar o número de algum dado para um maior impacto) ou se é uma mentira.

Um dos maiores expoentes do *fact-checking* no Brasil é a Agência Lupa, que utiliza uma metodologia de análise do que é dito por políticos, líderes sociais e celebridades em todas as fontes de mídia, como jornais, revistas, rádios, programas de Televisão e Internet. A equipe de *fact-checking* utiliza três pontos para preocupar-se com as frases que são trabalhadas, que são: "quem fala", "o que fala" e "que barulho faz".

Uma vez que é decidido sobre qual frase será trabalhada, é pesquisado tudo que já foi publicado sobre o determinado assunto, seja consultas em jornais, revistas ou sites, tendo sempre como base dados oficiais, no caso desses dados estarem ausentes, a Lupa recorre às Leis de Acesso à Informação e às assessorias de imprensa[25]. Todo esse trabalho é para

---

[24] PÚBLICA. *O que é fact-checking?*. 2017. Disponível em: https://apublica.org/2017/06/truco-o-que-e-fact-checking/
[25] AGÊNCIA LUPA. *Como fazemos nossas checagens*. 2015. Disponível em: https://piaui.folha.uol.com.br/lupa/2015/10/15/como-fazemos-nossas-checagens/

passar a informação verdadeira para os seus leitores e não ficar espalhando *fake news* e mentiras sobre dados importantes para a população.

Algumas empresas, como o jornal Globo, a rádio Gaúcha, o UOL, a rede de televisão Bandeirantes têm seus próprios meios de fazer o *fact-checking* para contribuir com o que se espera ser uma informação verdadeira e não algo patrocinado.

Certas agências de notícias deixam a desejar, desviando-se da busca pela verdade e, talvez, nem se esforcem para tentar conseguir este objetivo, o espetáculo e a busca do lucro muitas vezes derrubam o que é considerado como uma boa prática jornalística, os impérios da mídia tomam decisões jornalísticas e produzem matérias condicionadas, para assim agradar os seus anunciantes e patrocinadores, e nem todo meio de comunicação que se declara justo e equilibrado é isso mesmo (PARISER, 2017).

No dia dezessete de maio de 2019, membros da Comissão Europeia criticaram o *Facebook*, o *Twitter* e o *Google*, por não estarem fazendo um combate mais aprofundado contra às *fake news*. Segundo informações, essas empresas se comprometeram no ano de 2018 que fariam uma batalha maior contra a divulgação de mentiras, porém, a Comissão Europeia alega que elas estão combatendo um incêndio com pistolas de água, que não estão fazendo o suficiente para ganhar o combate.[26]

O cenário que o mundo vive atualmente é muito interessante, pode-se dizer, nos séculos passados, as informações eram escassas e demoravam a chegar aos que buscavam pelas mesmas, porque o mundo dependia de jornais, programas de TV e rádio, grande parte da população só ficava sabendo do que havia acontecido com o mundo no dia posterior, que é quando o jornal do dia é publicado e distribuído, contando fatos que aconteceram.

Porém hoje, a sociedade vive em uma forma de bolha, talvez possa ser chamada assim, sendo que a informação é tanta e chega de forma tão acelerada que é necessário que o receptor de informações, aquele que recebe a notícia, crie um filtro para escapar de fatos inverídicos e das *fake news*, essa forma de sobrecarregar a quantidade de informação é uma das formas anteriormente ditas de controlar a população, já que existe tanta informação que alguns indivíduos acreditam naquilo que mais lhes convêm.

A questão que é mais mencionada ao se falar das novas mídias é o fato de que elas, agora, podem se contrapor àquilo que se falava da "comunicação de massa", do domínio da grande mídia. Com as novas mídias, supostamente, todos têm a oportunidade de dizer sua palavra, expressar sua opinião, manifestar seu

---

[26] ESTADÃO. *UE diz que empresas de tecnologia não estão fazendo o suficiente para combater fake news*. 2019. Disponível em: https://link.estadao.com.br/noticias/empresas,ue-diz-que-empresas-de-tecnologia-nao-estao-fazendo-o-suficiente-para-combater-fake-news,70002832673

pensamento. Mas se fizer uma análise mais de perto, será reconhecido que isso é apenas parte da verdade (GUARESCHI, 2013).

Pode ser considerado somente como uma parte da verdade, porque as mídias alternativas nem sempre são tão alternativas assim quanto se espera que sejam, descentralizadas, não ligadas aos grandes veículos de comunicação em massa. E outra parte do problema que as mídias alternativas podem ter que enfrentar é com a falta de credibilidade: mesmo que a expressão de opinião ou de pensamento seja com uma opinião concreta e baseada em fatos, uma parte da população vai acabar descreditando aquele comunicador por ser contrária a sua opinião (GUARESCHI, 2013).

É impossível negar, hoje, existe a influência da população no amplo cenário da mídia. Muitos que trabalham na grande mídia estão atentos aos diferentes blogs e a outras mídias de jornalistas e comunicadores que deixaram, precisamente, a grande mídia, forçados ou espontaneamente, por não poderem dizer o que gostariam (GUARESCHI, 2013).

É inegável que as rede sociais como *Facebook*, *Instagram*, *Twitter* e sites como o *Google* controlam o que é mostrado para seus usuários, tentando induzir comportamentos em um grupo pré-determinado, até mesmo anúncios de suas mais recentes pesquisas realizadas em sites diversos ou produtos que simplesmente apareceram em *feeds* de sites após surgirem em conversas pessoais nas quais o celular estava por perto.

A sociedade hoje é controlada e vigiada de perto por estes mecanismos, como o *Facebook,* o *Google* e outros mecanismos de pesquisa e redes sociais, na qual uma pessoa que decida não usar redes sociais é excluído do grande grupo, é considerado mais como uma anomalia do que alguém que é diferente, já que foi escolhido por esse indivíduo abster-se de redes sociais. Tentar livrar-se das amarras e algemas que elas de certa forma aprisionam os seus usuários, a ponto de ter que ver o celular de dois em dois minutos, para ver notificações ou o que está acontecendo de novo na vida das pessoas.

O avanço das tecnologias, como uma Internet móvel e os *smartphones* cada vez com mais funções e novos aplicativos, contribui com isso, existe muita facilidade em acessar redes sociais de quase todos os cantos do Brasil. Diferente do que era antigamente, nas quais muitas áreas do interior o sinal do celular não chegava, atualmente, grande parte suporta até mesmo o sinal de Internet presente nos celulares.

O aparelho celular evoluiu tanto que poucas pessoas ainda o utilizam com a função na qual ele foi criado, a de fazer ligações, hoje é muito mais fácil, prático e rápido mandar uma mensagem no *Whatsapp* ou no *Messenger* do *Facebook*, aliás, coincidentemente *Whatsapp*, *Instagram* e *Facebook* são todos do mesmo dono, uma grande empresa que controla informações a respeito dos seus indivíduos e as vende para terceiros, com o intuito de ganhar dinheiro vendendo dados que em tese deveriam ser sigilosos.

Após entender como às *fake news* atuam na Sociedade da Informação, falar sobre o conceito de pós-verdade, que é acreditar naquilo que mais lhes convêm, mesmo que seja uma *fake news*, e o que é o *fact-checking*, a checagem de reportagens e fatos levados ao debate público para saber se existe coerência e verdade naquilo, será passado para o próximo ponto do trabalho.

Essa grande facilidade que foi fornecida para a sociedade, de expor a opinião alheia e também de receber um grande número de informações a qualquer momento em quase todos os lugares leva ao próximo ponto de estudo deste trabalho, uma vez que será trabalhada como as *fake news* funcionam no princípio da liberdade de expressão, quais são os seus efeitos e causas e se elas cerceiam ou não esse princípio.

3.3 OS EFEITOS DAS *FAKE NEWS* NA LIBERDADE DE EXPRESSÃO E COMUNICAÇÃO

Um dos principais debates que existem a respeito de *fake news* e a liberdade de expressão é como a primeira pode prejudicar a segunda, por meio de censura de algum conteúdo, partindo disso e contrariando as *fake news*, a liberdade de expressão encontra um de seus limites na verdade.

Conforme Paulo Gustavo Gonet Branco, "a busca de outros limites intrínsecos à liberdade de expressão, especialmente no caso da liberdade de imprensa, conduz à indagação sobre se apenas a informação verdadeira acha-se protegida. (BRANCO, 2012, p. 402)".

Falando um pouco sobre *fake news*, é possível afirmar que elas vão além do que é uma simples mentira, o seu campo situa-se na ideia de persuasão e de propaganda, sendo assim, distante da zona da verdade baseada em argumentos ponderáveis (KARNAL, 2018)[27].

Alguns usuários de redes sociais que compartilham ideias, opiniões e ideais, como o *Facebook*, um grande mural de opiniões, mentiras e discussões, acreditam que podem expor seus pensamentos da forma que querem, que aquilo é o exercício da liberdade de expressão, justificando assim opiniões racistas, homofóbicas, misóginas e machistas, essas pessoas acreditam que podem falar o que querem e fica tudo bem, porém, na verdade não é bem assim. Não serão dados exemplos disso, nesse primeiro momento do trabalho, já que a pesquisa é restrita aos efeitos das *fake news* na liberdade de expressão e não sobre opiniões que não deveriam ter espaço na sociedade atual.

---

[27] KARNAL, Leandro. *Fake news em plena era da liberdade e da informação, a liberdade experimenta burcas ideológicas*. 2018. Disponível em: https://cultura.estadao.com.br/noticias/cinema,fake-news,70002300367

A eficácia das *fake news* é extremamente dependente da comunhão de valores que ela produz e da zona de conforto que é possível amparar a própria opinião pessoal, pode ser considerada como a suprema preguiça cerebral humana, uma vez que se todos que são conhecidos por um determinado indivíduo concordam com alguma opinião é por óbvio que esse indivíduo está correto. Esse fato ocorre em pessoas que partilham de vieses políticos, ideias religiosas e até mesmo redes sociais específicas (KARNAL, 2018).[28]

Tratando-se a respeito do regime jurídico e comunicação, é possível afirmar que existe uma ligação de dois aspectos complementares jurídicos do processo de comunicação: de um lado, tem-se a transmissão do pensamento, que possuí prescrição constitucional de direitos fundamentais aplicados, especificamente, aos meios de comunicação social; de outro lado, a regulamentação dos meios de comunicação em massa, como jornais, canais de televisão, rádio e a própria Internet (SERRANO, 2011).

Com isso, pode-se, então, afirmar que o Direito de Comunicação respeita tanto a preservação da opinião, da expressão e da informação, quando elas são exteriorizadas por um meio de comunicação de massa, quanto a integração jurídica da existência e do

---

[28] KARNAL, Leandro. *Fake news em plena era da liberdade e da informação, a liberdade experimenta burcas ideológicas.* 2018. Disponível em:
https://cultura.estadao.com.br/noticias/cinema,fake-news,70002300367

funcionamento desses meios de comunicação (GUARESCHI, 2013).

No dia quinze de outubro de 2018, o Tribunal Superior Eleitoral determinou que fossem retirados da rede social *Facebook* vídeos a respeito da então candidata a Vice-Presidente do Brasil, Manuela D'avilla, o TSE acolheu o pedido dos advogados de Manuela, que alegaram haver *fake news* e notícias difamatórias contra a candidata[29], recentemente, o site também lançou um botão que serve para denunciar *fake news*, essa funcionalidade estava em fase de testes nos Estados Unidos e agora também pode ser utilizada no Brasil[30].

É impossível dizer com segurança que o resultado das eleições, sem as *fake news*, seria outro. Isso fica fora de análise, mas, de fato, os ministros, tanto do Supremo Tribunal Federal quanto do Tribunal Superior Eleitoral, poderiam ter sido mais ativos no combate às *fake News,* uma vez que ela deixa a liberdade de expressão em uma espécie de apoio, modificando o seu uso e o limitando.

Alexandre de Moraes, ministro do STF, chegou a asseverar que as *fake news* não tiveram um grande impacto nas eleições, o que causa grande estranheza a

---

[29] Agência Brasil. Disponível em:
https://noticias.uol.com.br/politica/eleicoes/2018/noticias/2018/10/15/tse-manda-facebook-retirar-video-com-fake-news-sobre-manuela-davila.htm
[30] Disponível em: https://super.abril.com.br/tecnologia/facebook-lanca-botao-de-contexto-para-combater-fake-news-no-brasil/

quem presenciou os fatos, suscitando uma discordância de forma geral.

Para Branco o "direito de ser informado – e não o é quem recebe noticiais irreais – tem também raiz constitucional, como se vê do art. 5º, XIV, da Constituição Federal. (BRANCO, 2012, p. 402)". O referido inciso fala que "é assegurado a todos o acesso à informação e resguardado o sigilo da fonte, quando necessário ao exercício profissional.", sendo assim, cabe resguardo a todos o acesso à informação, nos termos do artigo 5º da Constituição brasileira de 1988.

O Brasil abusa de um modelo que funciona com o processo de informação acelerada, de o internauta embaralhar-se no critério objetivo para checar coisas que, no fundo, todos os elementos são relativizados e se chega ao ponto de achar que qualquer discussão seja um fruto do direito que esse internauta tem à opinião, excluindo assim, a busca equilibrada de fatos e de verdades para embasamento (KARNAL, 2018)[31].

Tratando a respeito do controle de informações, Pariser afirma que o *Facebook* busca ser a única plataforma por meio da qual outros sites e serviços tenham acesso às informações dos usuários (PARISER, 2017), segundo o entendimento do autor, a respeito dessa identidade, "Nós temos uma única identidade, a

---

[31] KARNAL, Leandro. *Fake news em plena era da liberdade e da informação, a liberdade experimenta burcas ideológicas*. 2018. Disponível em:
https://cultura.estadao.com.br/noticias/cinema,fake-news,70002300367

nossa identidade no Facebook, e ela colore a nossa experiência onde quer que estejamos (PARISER, 2017, p. 87.)."

No entendimento de Pariser, o *Facebook* quer controlar a nossa identidade, para que tenhamos somente a identidade *online*, na própria página da rede social e assim controle as ações, nossas emoções e nosso modo de pensar, onde quer que estejamos, de certa forma, isso já está acontecendo, sendo que o *Facebook* tem acesso aos nossos dados pessoais, fotos, amigos, gostos e até mesmo o lugar onde nos encontramos.

Para Karnal, um dos principais problemas atuais é que "a rede social, ao fazer a detração, estamos perdendo inclusive o nexo com a autoria (KARNAL, 2017)[32]", ou seja, ao usar a rede social para compartilhar algo, que não se sabe ao certo de quem é, como muitas postagens com frases nunca ditas pelas pessoas que se encontram nas imagens compartilhadas, ou até mesmo citações erradas, de coisas que nunca foram ditas por aquela pessoa, o indivíduo acaba por perder o nexo com a autoria daquela fala, com a originalidade da ideia que de fato é verdadeira.

Sobre essa relação entre identidade e personalização, existem filtros que funcionam em três etapas: o primeiro filtro busca entender quem é a pessoa

---

[32] KARNAL, Leandro. *Entrevista dada ao programa Ponto a Ponto.* 2018. Disponível em:
https://www.youtube.com/watch?v=qIM89h80cSk

e do que ela gosta; o segundo filtro oferece para esse indivíduo os serviços que são adequados; já o último faz um ajuste para o melhor funcionamento entre essa correspondência de anúncio e usuário, porém, a identidade do usuário também é formada pela mídia, sendo assim, existe uma falha na ideia de que a nossa identidade molda a nossa própria mídia (PARISER, 2017).

Segundo o entendimento de Pariser, "estamos agora muito próximos de identidades autorrealizadas, em que a imagem distorcida que a internet apresenta de nós se torna quem realmente somos (PARISER, 2017, p. 88)" o autor afirma que a internet está moldando as pessoas, que está criando uma identidade própria a respeito de cada indivíduo que a usa, e que talvez essa imagem comece a ser apresentada como nossa própria identidade.

Noemi Ferrigolo diz que a imprensa independente, enquanto se posiciona em "competição cooperativa com os órgãos do poder público, sob o paradigma de Quarto Poder nas democracias constitucionais, é capaz de exercer um controle crítico sobre os poderes legislativo, executivo e judiciário (FERRIGOLO, 2005)", ou seja, a mídia exerce uma função de controle sobre os três poderes do Estado, mudando e formando a opinião pública das pessoas de acordo com o que acontece nesses mesmos poderes, seja essa mudança de opinião ocorrendo de forma positiva, como também ocorrendo de alguma forma negativa.

O combate às *fake news* deve ser realizado de forma coerente e muito bem elaborada, para que não exista um cerceamento do princípio fundamental da liberdade de expressão, algo tão importante na sociedade democrática que o Brasil vive.

No ano de 2019, o *Facebook* teve um vazamento de dados de cerca de quinhentos e quarenta milhões de usuários, esses dados, que iam desde curtidas, comentários, fotos, informações sobre amigos e até mesmo reservas de voos e hotéis, ficaram expostos nos servidores da Amazon[33], isso só serve de apoio no que foi dito, que o *Facebook* busca controlar todos os dados de seus usuários e os vende para outras empresas.

O problema da relação entre às *fake news* e a liberdade de expressão é que, teoricamente, existe a possibilidade de expor opiniões que possam ser mentiras, o que será trabalhado no próximo capítulo deste trabalho, e assim, empresas são criadas com o intuito de espalhar *fake news* como um enxame de abelhas, de forma diária, por todos os meios de comunicação *online*, como mensagens, correntes, reportagens *fake* em páginas também *fake*, tudo isso para lucrar em cima do usuário desatento à realidade,

---

[33] GLOBO. *540 milhões de dados de usuários do Facebook ficam expostos em servidores da Amazon*. 2019. Disponível em: https://g1.globo.com/economia/tecnologia/noticia/2019/04/04/dados-de-540-milhoes-de-usuarios-do-facebook-ficam-expostos-em-servidor.ghtml

que acredita no que é dito naquela notícia, pois tem um viés ideológico que é compartilhado com aquilo.

Existe uma grande batalha sendo travada, entre imprensa, *fake news* e liberdade de expressão, porém só quem perde com isso é a sociedade, já que a produção em massa de *fake news* tem uma mensagem muito mais chamativa do que a realidade dos fatos, é muito fácil escrever algo sobre um determinado assunto e dizer que aquilo é verdade sem ter qualquer embasamento para isso e conseguir convencer pelo menos parte da população que o escritor da *fake news* está certo.

Ainda, durante as eleições, o jornal Folha de São Paulo, considerado como um jornal renomado no Brasil, fez uma reportagem alegando que empresas estariam patrocinando a criação de *fake news* contra o candidato do Partido dos Trabalhadores, Fernando Haddad, para favorecer Jair Bolsonaro. Isso levou o candidato prejudicado a pedir explicações do seu opositor sobre o possível "caixa dois" com relação a espalhar as *fake news*, já o candidato inquirido, por sua vez, em determinado momento, alegou que não tinha como controlar o que seus seguidores postavam e compartilhavam em suas redes sociais. Essa denúncia levou o *Whatsapp* a banir milhares de contas de usuários que estavam espalhando *fake news* e, apesar da denúncia feita pelo Folha de São Paulo, até o presente momento, nada foi comprovado[34].

A liberdade de expressão é limitada por bolhas sociais, um fenômeno que ajuda com a infestação das *fake news*, um breve conceito a respeito dessas bolhas pode ser tido como, em uma primeira ideia, pode-se afirmar que as bolhas são as redes sociais que induzem as pessoas a compartilhar postagens somente com aqueles que possuam interesses comuns (FERRARI, 2018). Com isso, torna-se possível que só se irá obter acesso a uma parte da informação disponível nas redes sociais, pois somente se terá acesso às postagens em que existem interesses compartilhados.

Pollyana Ferrari alerta sobre alguns perigos que podem advir de se ver somente aquilo por que se tem interesse, pois, "sobretudo nesses tempos de polarização, temos cada vez mais excluído os que pensam diferente de nós, o que nos deixa em uma zona de conforto, mas também nos prova de uma leitura de contexto" (FERRARI, 2018).

É preciso que se possa transitar mais pelos grupos divergentes das redes sociais, ver mensagens de outros grupos, da grande mídia, porque, ainda que manipulado, o discurso dá uma dimensão do que está acontecendo (FERRARI, 2018).

Isso leva o usuário das redes a um debate com outros indivíduos, que o levarão a pensar de maneiras diferentes daquelas a que está habituado, leva-o a

---

[34] Notícias UOL. Disponível em: https://noticias.uol.com.br/politica/ultimas-noticias/2019/09/30/whatsapp-fake-news-robos-envio-em-massa-eleicoes-2018-contas-banidas.htm

fortalecer suas crenças ou, até mesmo, a entender como um indivíduo com a opinião divergente da sua pensa e, assim, o ajuda a forjar novos ideais que antes não eram nem cogitados. As pessoas encontram uma espécie de refúgio em indivíduos com pensamentos semelhantes aos seus, mas com isso, o senso crítico para o debate acaba perdido (FERRARI, 2018).

As bolhas sociais são fortalecidas por meio de algoritmos específicos para isso, que criam uma base com os dados individuais. O exemplo disso dado por Ferrari é que os algoritmos são *softwares*, e eles fortalecem as bolhas. Se a pessoa fala de comida orgânica, só receberá anúncios e marcas desse tipo, entrando, pois, no círculo (FERRARI, 2018).

As bolhas sociais fecham e cegam as pessoas em um círculo contínuo de dados, assim facilitando o trabalho dos algoritmos, que vão filtrar as suas preferências e mostrar somente aquilo que lhes agrada, pois "os algoritmos seguem as nossas pegadas nessas redes para oferecer conteúdo" (FERRARI, 2018).

Os *sites* visitados recentemente, os produtos pelos quais se demonstrou interesse, que foram procurados mesmo com o *Facebook* aberto, por exemplo, vão acabar aparecendo nos *feeds* individuais de conteúdo, como Ferrari mesmo mencionou, alertando a quem deixar um rastro na Internet. Segundo ele, os algoritmos perseguem esse rastro e, então, quem é uma pessoa que transita poderá confundi-los, o que é benéfico a partir do momento em que não ficará na mão de uma plataforma (FERRARI, 2018).

Apesar de se terem algumas legislações, como o Marco Civil da Internet (também conhecido como Lei da Internet), que regulam o Direito de Comunicação e o Direito à Informação, essas bolhas parecem furar a plena funcionalidade de ambos esses Direitos. No Brasil, existe legislação que trate esse assunto, porém ainda não encontra-se vigente, visto que apenas no ano passado (2018) foi aprovada a Lei n.º 13.709, que entrará em vigor somente em 2020, e um dos seus principais pontos orienta que as entidades devam, unicamente, coletar dados que possam ser considerados como necessários para que realizem suas tarefas.

Outro ponto bem relevante da legislação que entrará em vigor no próximo ano, é que ela garante a anonimização de dados, na medida do possível, o que é um pequeno passo para se sair das bolhas sociais, já que parte dos dados pessoais não ficarão salvos.

A respeito do *Facebook*, ele descreve-se como um serviço público, como se fosse uma companhia de telefones do século XXI, uma vez que liga a todos de forma rápida e fácil, porém, quando os usuários do site reclamam da política de privacidade, que sempre está mudando e parece que cada vez fica mais deteriorada, o criador dessa rede, Mark Zuckenberg, costuma fazer pouco caso disso, dizendo que ninguém é obrigado a usar o *Facebook*, mas se usar deverá assumir os riscos (PARISER, 2017).

Para D'Ancona, a pós-verdade é uma tendência profundamente alarmante, mas não é um ponto final: aqueles desanimados com essa virada incorreta precisam se reerguer e contra-atacar, pois o pior tipo de resposta possível é a passividade muda (D'ANCONA, 2017). O autor também propõe que, diante da sobrecarga de informações, todos se tornem editores, ou seja, devem filtrar, checar e avaliar (D'ANCONA, 2017) tudo o que estiverem lendo, para então conseguirem identificar o que é verdade e o que é uma *fake news*.

Tratando brevemente sobre o Direito à Informação, que não é possível deixar de fora sem ser citado na pesquisa, o Direito à Informação é um Direito constitucional que está previsto no art. 5.º, inciso XIV da Constituição Federal de 1988. Lá é dito que "é assegurado a todos o acesso à informação e resguardado o sigilo da fonte, quando necessário ao exercício profissional", sendo possível, então, afirmar-se que todos possuem o Direito à Informação. O Direito de ser informado tem, também, raiz constitucional, como se vê do mesmo art. 5.º, XIV, da Constituição Federal (BRANCO e MENDES, 2012).

O referido inciso discorre que "é assegurado a todos o acesso à informação e resguardado o sigilo da fonte, quando necessário ao exercício profissional". Assim, o Direito à Informação pode ser dividido em três categorias (SERRANO, 2011): o Direito de Informar, que consiste no Direito que os meios de transmitir informações possuem; o Direito de se informar, que é, basicamente, o que garante a um indivíduo o poder de ser informado, de poder buscar quaisquer informações sem que elas sejam limitadas ou censuradas; e o Direito de ser informado, que, em tese, é o que garante a funcionalidade das outras duas categorias citadas anteriormente.

Por óbvio, pode-se afirmar que as grandes mídias de comunicação em massa (rádio, televisão, Internet, entre outras) têm um alcance geral muito maior do que somente algumas pessoas falando. O problema, como afirmado, encontra-se na sua potencialização de alcance global, e algumas vezes esse mesmo alcance é utilizado para espalhar notícias falsas e prejudicar uma determinada população ou, até mesmo, um país inteiro.

Tratando-se a respeito do regime jurídico e comunicação, é possível afirmar que existe uma ligação de dois aspectos complementares jurídicos do processo de comunicação: de um lado, tem-se a transmissão do pensamento, que possuí prescrição constitucional de direitos fundamentais aplicados, especificamente, aos meios de comunicação social; de outro lado, a regulamentação dos meios de comunicação em massa, como jornais, canais de televisão, rádio e a própria Internet (SERRANO, 2011).

Com isso, pode-se, então, afirmar que o Direito de Comunicação respeita à preservação da opinião, da expressão e da informação quando elas são exteriorizadas por um meio de comunicação de massa e, de outro lado, se refere à integração jurídica da existência e do funcionamento desses meios de comunicação (GUARESCHI, 2013).

Recentemente, no dia 14 de agosto de 2018, foi aprovada a Lei n. 13.709/2018, que trata sobre a proteção de dados pessoais e também altera o Marco Civil da Internet. Porém, essa Lei somente entrará em vigor em 2020. Já no seu segundo artigo, ela diz que "A disciplina da proteção de dados pessoais tem como fundamentos: I - o respeito à privacidade; II - a autodeterminação informativa; III - a liberdade de expressão, de informação, de comunicação e de opinião". A Lei demonstra uma nova forma de proteção de dados, principalmente, no que tange ao Direito à Informação, o Direito à Comunicação e a Liberdade de Expressão.

Essas mudanças que a sociedade passou no decorrer dos anos foram abordadas, pela Constituição brasileira, em dois artigos. O primeiro, o artigo 215, fala que "O Estado garantirá a todos o pleno exercício dos direitos culturais e acesso às fontes da cultura nacional, e apoiará e incentivará a valorização e a difusão das manifestações culturais". Nesse texto, observa-se que é obrigação do Estado o pleno exercício dos direitos culturais, o acesso às informações e, também, ele deve incentivar e valorizar difusões de manifestações culturais.

Já o artigo 216, bem como seus respectivos parágrafos e incisos, elencam o que pode ser considerado como patrimônio cultural brasileiro, tanto o material como o imaterial. Fiorillo fala sobre os direitos da Sociedade de Informação:

> Os deveres, direitos, obrigações e sanções que decorrem da existência da Sociedade de Informação são por via de consequência estruturados juridicamente em nosso país dentro de fundamentos democráticos e objetivos concretos que orientarão os princípios fundamentais do denominado Direito da Sociedade de Informação (FIORILLO, 2017, p. 3).

A sociedade deixou de ter a verdade como um valor fonte, a liberdade de expressão, um dos valores que podem ser chamados de fontes acaba sendo ferido com isso, com a enxurrada de *fake news* e mentiras, a população começou a acreditar naquilo que lhes convêm ao invés de ir buscar a verdade, mas por quê? A razão é simples: comodidade, é muito mais fácil e, de um certo ponto, vantajoso acreditar naquilo que condiz com a opinião pessoal de um indivíduo do que admitir que está errado, do que ter que ver que talvez uma pessoa, demonizada pelas *fake news* na verdade é uma pessoa boa e aquilo tudo é uma mentira.

Uma coisa é certa: o Direito à Comunicação e à liberdade de expressão não pode ser cerceado na

Internet. Há que se poder ver tudo o que está à disposição, todas as informações, todos os conteúdos, todas as opiniões. Cada um desses passos é importante na formação da opinião de cada indivíduo. Não se pode ser uma sociedade sem debate.

Após ser dissertado a respeito das *fake news* na liberdade de expressão, bem como um breve conceito a respeito de bolhas sociais e a relação que elas têm com o assunto estudado, assim como breve lembrete sobre o que é o direito à comunicação e à informação na sociedade atual, com toda a tecnologia disponível a nossa mão, este capítulo será encerrado.

O próximo ponto a ser trabalhado falará sobre a tutela às *fake news*, sobre como elas devem ser inseridas na legislação brasileira, para que o produtor de *fake news* seja punido ou o que acontecerá se nada mudar, com relação a liberdade de expressão e a formação da opinião da população, com a quantidade enorme de informações que são recebidas diariamente.

4 A COLISÃO DAS *FAKE NEWS* COM A LIBERDADE DE EXPRESSÃO

Após as análises sobre os conceitos, limites e relações da liberdade de expressão com a Internet, bem como o estudo realizado a respeito das *fake news*, desde o seu surgimento até seus conceitos e o seu papel na sociedade, chegou o momento de falar da sua ligação direta com a liberdade de expressão e sobre sua possível tutela na legislação brasileira.

Para tanto, primeiro será tratado a respeito de argumentos a favor da tutela das *fake news* no Brasil, dando seguimento, os fundamentos centrais sobre a impossível tutela das *fake news*, e, no último momento, será tratado a respeito da argumentação final do embate entre os assuntos anteriores, no qual será estudado qual o argumento mais razoável, se pela tutela ou não das *fake news* em legislação brasileira.

Aqui, primeiramente, serão analisados quais são os argumentos a favor da tutela das *fake news*, de forma que serão comentados alguns projetos de legislação que encontram-se em tramitação nas respectivas câmaras de Deputados ou de Senadores.

Algo que causa uma grande preocupação é que uma parte dessa legislação quer tornar as *fake news* matéria de Direito Penal, porém isso é algo extremamente perigoso e delicado, como vai ser tratado no decorrer do presente capítulo, uma vez que isso é um cerceamento da liberdade de expressão, algo que não é admissível de acontecer.

Após, será tratando a respeito da não tutela das *fake news*, justamente por causa do que fora dito anteriormente, que criminalizar esse ato pode prejudicar de forma sem igual a liberdade de expressão, dado que o Estado vai estar controlando o fluxo de informações, como o que pode ou não ser recebido pela população de forma geral.

Também será argumentado a respeito de uma reeducação, que deve ser feita nas escolas, nas universidades e na grande mídia, para que a população comece a desenvolver um senso crítico e vá pesquisar o que está sendo recebido pela internet, para saber se é ou não algo verídico, antes de sair compartilhando a mentira com todos os seus respectivos amigos.

Por último, serão analisados os dois argumentos, o que é a favor da tutela das *fake news* e o contrário a essa tutela, com base no que fora debatido nos dois capítulos anteriores e também nos principais pontos desse mesmo capítulo e se chegará então, na possível solução para o fenômeno das *fake news* que prejudica a liberdade de expressão.

4.1 PRINCIPAIS ARGUMENTOS FAVORECENDO A TUTELA DAS *FAKE NEWS*

Para iniciar, serão tratados argumentos que são a favor da tutela das *fake news* no território brasileiro, como anteriormente já fora dito, serão trabalhadas legislações que já foram aprovadas e estão presentes na legislação brasileira ou ainda foram propostas recentemente, com o intuito de reprender ou não o fenômeno das *fake news*.

O entendimento é de que a Liberdade de Expressão não pode transpassar pelo princípio da dignidade da pessoa humana, uma vez que isso acontece, a Liberdade de Expressão perde seu efeito, visto que a dignidade da pessoa humana pode ser considerada como um princípio soberano e um valor fonte.

Quando tratando sobre o princípio da dignidade da pessoa humana, é possível dizer que de todos os valores, a pessoa humana é o valor fundamental, algo que vale por si mesmo, identificando seu *ser* com a sua valia (FERRIGOLO, 2005), ainda, pode-se afirmar que o ser humano, como ser racional, existe como um fim em si mesmo e não simplesmente como meio, ou instrumento cujo valor é relativo e condicionado ao seu contexto, motivo por que a racionalidade diferencia a pessoa humana de outros seres vivos (FERRIGOLO, 2005).

Sobre o papel que a mídia influencia na opinião pública da sociedade, analisando por uma ótica sobre as *fake news* de como essa opinião é afetada, é preciso primeiro entender sobre essa formação da opinião, Noemi Ferrigolo diz que a imprensa independente, enquanto se posiciona em competição cooperativa com os órgãos do poder público, sob o paradigma de Quarto Poder nas democracias constitucionais, é capaz de exercer um controle crítico sobre os poderes legislativo, executivo e judiciário (FERRIGOLO, 2005), ou seja, a mídia exerce uma função de controle crítico sobre os três poderes do Estado, mudando e formando a opinião pública das pessoas de acordo com o que acontece nesses poderes.

O limite da liberdade de expressão é encontrado quando ela transpassa os direitos fundamentais de outros seres humanos, com o da dignidade da pessoa humana, sobre isso, André Ramos Tavares diz que "Com efeito, para que determinada ação encontre guarida no seguro porto da liberdade de expressão, tem-se como requisito que o exercício dessa não prejudique ninguém, em nenhum de seus direitos (TAVARES, 2012, p. 632)". André Ramos Tavares ainda diz que a liberdade de expressão é o meio utilizado para assegurar a formação da personalidade individual, conforme pode ser visto na sequência:

> Em outro giro, se a liberdade de expressão encontra-se tutelada para, dentre outras finalidades, assegurar a formação da personalidade individual (ainda que não seja, evidentemente, responsável pela totalidade dessa formação), seria insuportável que seu exercício engendrasse justamente o desrespeito a direitos de personalidade e, ademais, provocasse com isso aquela formação por meio das divulgações viciadas, gerando uma mensagem implícita de que os direitos podem ser violados. (TAVARES, 2012, p.634).

Em junho de 2019, houve uma alteração da Lei n. 4.737, o Código Eleitoral, no qual foi acrescentado o artigo 326-A, que diz o seguinte a respeito da legislação eleitoral, "Dar causa à instauração de investigação policial, de processo judicial, de investigação administrativa, de inquérito civil ou ação de improbidade administrativa, atribuindo a alguém a prática de crime ou ato infracional de que o sabe inocente, com finalidade eleitoral.", para tanto, estabelece uma pena de reclusão de dois a oito anos e uma multa.

O problema nesse artigo é que trata de forma igual quem faz uma *fake news* com o intuito de causar a desinformação e quem simplesmente compartilha a notícia, sem saber que se trata de algo mentiroso e que pode causar danos a outra pessoa, o artigo em questão deveria ter diferenciado o elaborador do compartilhador.

Essa alteração de legislação seria uma forma de combater as *fake news* em um período eleitoral, o ponto principal dessa alteração pode ser encontrado no conceito de "o sabe inocente", com isso, fica vago até que ponto aquela pessoa que compartilhou uma *fake news* sabe que aquilo é ou não verdade e como seria possível fazer a sua prova.

De acordo com os esclarecimentos anexos às justificações da alteração da legislação, alguns apontamentos chamam a atenção, uma dessas justificativas é a utilização da eleição americana, que elegeu Donald Trump como seu presidente e já foi anteriormente citada neste trabalho. O deputado Pompeo de Mattos, que é quem propôs a alteração, com respeito à eleição americana de 2016, fala que foram feitas mais interações entre usuários com relação a conteúdos considerados como falsos foram maiores do que as redes tradicionais de mídia, o que é algo que talvez possa ser considerado como óbvio, uma vez que a grande mídia tem seu nome a zelar e não pode simplesmente ficar espalhando notícias falsas para a população.

Existem legislações que combatem às *fake news* ao redor do globo, alguns exemplos disso são Alemanha e França. No primeiro caso, foi adotada em 2017 uma lei contra publicações nas redes sociais de diversos conteúdos, um deles era o de *fake news*, as plataformas que não removerem o conteúdo ilegal podem ser multadas com até cinquenta milhões de euros. Na França, a legislação é mais como uma forma de patrulha, uma vez que seria utilizada somente durante o período eleitoral e somente um candidato ou um partido político iria poder retirar uma informação falsa de circulação.

É possível encontrar alguma legislação sobre *fake news* no Brasil na resolução n. 23.551, de 18 de dezembro de 2017, mais precisamente no seu artigo 85, que fala sobre penalidade criminal, "Constitui crime, punível com detenção de 6 (seis) meses a 2 (dois) anos e pagamento de 10 (dez) a 40 (quarenta) dias-multa, caluniar alguém, na propaganda eleitoral ou para fins de propaganda, imputando-lhe falsamente fato definido como crime", o primeiro inciso do artigo também menciona a divulgação de *fake news* "Nas mesmas penas incorre quem, sabendo falsa a imputação, a propaga ou a divulga".

A Resolução n. 23.551/2017 está especificadamente vinculada somente aos crimes eleitorais, posto que tal legislação regula a propaganda eleitoral, utilização do horário gratuito e condutas ilícitas em campanhas eleitorais, trazendo alterações, uma vez que é um dos períodos mais propícios para o surgimento de *fake news* no país.

Outra legislação a respeito de propagar *fake news* com o intuito de difamar ou caluniar candidatos está presente no artigo 57-H da Lei n. 12.891/2013, também conhecida como Mini Reforma Eleitoral, que diz "Constitui crime a contratação direta ou indireta de grupo de pessoas com a finalidade específica de emitir mensagens ou comentários na internet para ofender a honra ou denegrir a imagem do candidato, partido ou coligação, punível com detenção de 2 (dois) a 4 (quatro) anos (...)".

Apesar de vários projetos terem sido apresentados no Congresso Nacional, ainda não existe uma legislação específica que tutele a pós-verdade no Brasil, existem juristas que defendem a criminalização de quem cria *fake news*, mas é extremamente difícil dessas pessoas serem identificadas na internet, além do mais, a única forma de tratamento ser por meio da criminalização não parece algo correto, já que existe um tênue limiar entre o que é permitido por meio da liberdade de expressão com o que poderia ser proibido com relação às *fake news*.

Atualmente, os dois Projetos de Lei que mais chamam a atenção circulam na Câmara dos Deputados, são o n. 6.812/2017, que pretende instituir como crime quem compartilhar informações falsas em detrimento de pessoa física ou jurídica e o projeto de Lei n. 473/2017, que também pretende criminalizar *fake news*, esse projeto busca modificar o Código Penal brasileiro para que conste a "divulgação falsa".

Mais uma vez bate-se na tecla de que somente criminalizar *fake news* não seria o correto a fazer, para tanto, não será entrado no mérito sobre o processo penal que estaria envolvido nisso, apenas fica registrado que quase todas, para não dizer em sua totalidade, as legislações a respeito de *fake news* no Brasil visam apenas multas e detenções, como pode-se observar neste capítulo.

Uma das formas que talvez seja a mais correta de reparação de danos causados por espalhar *fake news* seria por meio da responsabilidade civil, com base no artigo cento e oitenta e seis do Código Civil, que diz o seguinte "Art. 186. Aquele que, por ação ou omissão voluntária, negligência ou imprudência, violar direito e causar dano a outrem, ainda que exclusivamente moral, comete ato ilícito.", para o artigo, não basta somente uma violação culposa do direito alheio, mas sim que cause danos a outrem, através do ato que foi realizado pelo indivíduo que causou o dano.

Com isso, quer se chegar ao ponto de que a grande parte da população que compartilha *fake news* não sabe realmente se aquilo é uma verdade ou não, como já fora dito anteriormente, o mundo vive uma época que pode ser vista como maravilhosa e ao mesmo tempo calamitosa, já que existe tanta informação disponível que não se tem tempo de verificar todas.

Sobre a responsabilidade civil, pode ser afirmado que o Código Civil de 2002 não trouxe grandes mudanças para a responsabilidade civil, pois manteve o tradicional sistema de responsabilidade civil subjetiva, alargando, no entanto, a aplicação objetiva associando os conceitos de culpa e risco (LEONARDI, 2012).

Dessa mesma forma, encontra-se o artigo novecentos e vinte e sete, também do Código Civil, onde é dito que "Art. 927. Aquele que, por ato ilícito (arts. 186 e 187), causar dano a outrem, fica obrigado a repará-lo", no parágrafo único do artigo é dito que "Haverá obrigação de reparar o dano, independentemente de culpa, nos casos especificados em lei, ou quando a atividade normalmente desenvolvida pelo autor do dano implicar, por sua natureza, risco para os direitos de outrem.".

Sobre o artigo novecentos e vinte e sete é possível afirmar que foi adotada a teoria do risco, uma vez que a responsabilidade objetiva para certos casos específicos previstos em lei, assim como em razão do exercício de sua atividade que, por sua própria natureza, implique em risco para os direitos de terceiros (LEONARDI, 2012). Ainda, "A teoria não prescinde dos requisitos inerentes ao dever de indenizar: existência da ação lesiva, dano, e nexo de causalidade entre a atividade do agente e o dano. (LEONARDI, 2012, p. 31).

A respeito da responsabilidade por danos decorrentes de conteúdos gerados por terceiros, é dito na Lei n. 12.965/2014, O Marco Civil da Internet, que:

> Art. 19. Com o intuito de assegurar a liberdade de expressão e impedir a censura, o provedor de aplicações de internet somente poderá ser responsabilizado civilmente por danos decorrentes de conteúdo gerado por terceiros se, após ordem judicial específica, não tomar as providências para, no âmbito e nos limites técnicos do seu serviço e dentro do prazo assinalado, tornar indisponível o conteúdo apontado como infringente, ressalvadas as disposições legais em contrário.
> § 1º A ordem judicial de que trata o caput deverá conter, sob pena de nulidade, identificação clara e específica do conteúdo apontado como infringente, que permita a localização inequívoca do material.
> § 2º A aplicação do disposto neste artigo para infrações a direitos de autor ou a direitos conexos depende de previsão legal específica, que deverá respeitar a liberdade de expressão e demais garantias previstas no art. 5º da Constituição Federal.
> § 3º As causas que versem sobre ressarcimento por danos decorrentes de conteúdos disponibilizados na internet relacionados à honra, à reputação ou a direitos de personalidade, bem como sobre a indisponibilização desses conteúdos por provedores de aplicações de internet, poderão ser apresentadas perante os juizados especiais.
> § 4º O juiz, inclusive no procedimento previsto no § 3º, poderá antecipar, total ou parcialmente, os efeitos da tutela pretendida no pedido inicial, existindo prova inequívoca do fato e considerado o interesse da coletividade na disponibilização do conteúdo na internet, desde que presentes os requisitos de verossimilhança da alegação do autor e de fundado receio de dano irreparável ou de difícil reparação.

O artigo dezenove do Marco Civil da Internet, basicamente, fala sobre assegurar a liberdade de expressão e impedir que exista uma censura, para que isso aconteça, o provedor de aplicações de internet poderá ser responsabilizado civilmente por danos decorrentes de conteúdos gerados por terceiros, caso não tome as devidas providências para a retirada do conteúdo impróprio de circulação na internet.

Quando tratado a respeito da responsabilidade civil dos provedores, o Superior Tribunal de Justiça emitiu o acórdão do Recurso Especial 1193764/SP, no qual, com relação ao artigo novecentos e vinte e sete do Código Civil diz que "O dano moral decorrente de mensagens com conteúdo ofensivo inseridas no *site* pelo usuário não constitui risco inerente à atividade dos provedores", sendo assim, não seria aplicada a responsabilidade objetiva prevista no artigo citado. Ainda, no mesmo acórdão, é dito que "Ao ser comunicado de que determinado texto ou imagem possui conteúdo ilícito, deve o provedor agir de forma enérgica, retirando o material do ar imediatamente", a pena, caso isso não aconteça, é de responder solidariamente com o autor do dano, uma vez que o provedor cometeu uma omissão.

A respeito da responsabilidade objetiva dos provedores de serviços de Internet em qualquer situação, até mesmo nos atos de seus usuários, tendo como base o fundamento da teoria do risco criado, não é algo correto e nem justo, tanto que não é adotado em nenhum país do mundo (LEONARDI, 2012). Quando tratado a respeito da total ausência de responsabilidade, pode-se dizer que ela poderia estimular comportamentos omissos, assim como a absoluta negligência dos fornecedores de serviços *online* com respeito ao comportamento e a conduta de seus próprios usuários (LEONARDI, 2012).

Para Leonardi, "Em linhas gerais, a responsabilidade civil pela prática de atos ilícitos na rede é imputada à pessoa natural ou jurídica que tenha efetivamente praticado o ato (LEONARDI, 2012, p. 33)", quando o usuário é identificado ele é responsável e terá que lidar com as consequências de seus próprios atos, mas, em algumas situações, a responsabilidade dos atos dos usuários também pode ser imposta aos provedores de serviços de Internet (LEONARDI, 2012).

A ação processual mais recomendada para obter a identificação e localização do responsável por um ato ilícito, cometido por meio do uso de internet, é a ação de obrigação de fazer em face do provedor de serviços de internet, garantindo assim o bloqueio ou até mesmo a remoção do conteúdo disponibilizado em rede (LEONARDI, 2012).

Outra maneira de remoção de conteúdo considerado como prejudicial a própria imagem é referente ao direito ao esquecimento, uma vez que algo que prejudica a imagem de uma pessoa encontra-se nos mecanismos de busca da internet, como o *Google*, por exemplo, pode ser alegado o direito ao esquecimento para que o conteúdo prejudicial seja retirado. Para tanto, um estudo aprofundado com relação ao direito ao esquecimento não será elaborado, uma vez citado aqui meramente para exemplificar uma forma de remoção de conteúdo nocivo.

Não será entrado nos méritos sobre o limite que isso pode ser exercido, até por razão de existirem atos que não podem ser esquecidos pela humanidade, mas a mero custo de exemplo, em 2009, uma promotora teve seu nome erroneamente vinculado a matérias de fraude em concurso público e, em 2017, o caso foi julgado pelo Superior Tribunal de Justiça, que decidiu por retirar do filtro de pesquisas a relação da mulher com a matéria da fraude no concurso público, sobre isso, no seu voto, foi dito pelo ministro Marco Aurélio Bellize o seguinte "Não se trata de efetivamente apagar o passado, mas de permitir que a pessoa envolvida siga sua vida com razoável anonimato, não sendo o fato desabonador corriqueiramente rememorando e perenizado por sistemas automatizados de busca".[35]

Sobre o bloqueio de conteúdos na internet, em princípio, é possível ser feita a remoção ou o bloqueio ao acesso de qualquer conteúdo que seja considerado

---

[35] Disponível em:
https://www.conjur.com.br/2018-mai-09/stj-obriga-sites-busca-filtrar-resultados-promotora

ilícito encontrado na internet, sendo que um provedor de serviços pode tomar as devidas providências com esse objetivo, de acordo com a sua própria atividade exercida (LEONARDI, 2012).

Leonardi fala sobre três tipos de provedores de serviços na internet, o primeiro, o provedor de conteúdo, pode de forma bem simples editar uma informação que foi disponibilizada em seu domínio, de modo que tal informação possa ser removida ou então que possa corrigir eventuais referências que causem danos a terceiros, também, pode apagar o conteúdo de uma determinada página ou até mesmo remover um arquivo do servidor que é utilizado para que suas informações sejam armazenadas (LEONARDI, 2012).

O segundo, trata sobre um provedor de hospedagem, pode remover arquivos ilícitos de seus servidores ou mesmo transferi-los para um diretório que não seja permitido o acesso pela internet. Normalmente, essas providências são tomadas quando o provedor em questão utiliza serviços de hospedagem e adota uma conduta que pode ser considerada como omissiva, deixando assim de remover o conteúdo ilícito, às vezes, até mesmo de atender uma ordem judicial no sentido da remoção do conteúdo ou de que existam dificuldades para localizar o responsável por um determinado *website* ou um usuário que envia arquivos ilícitos para os servidores de um provedor de hospedagem (LEONARDI, 2012).

A solução que o provedor de correio eletrônico, como o *Outlook* e o *Gmail*, por exemplo, é bem mais fácil do que as anteriores, uma vez que pode simplesmente bloquear o envio ou o recebimento de mensagens por parte de um determinado endereço de *e-mail*, essa medida é utilizada quando existem reclamações dos usuários de que uma determinada conta está enviando uma quantidade muito elevada de correspondência eletrônica comercial ou de conteúdo duvidoso, essa prática também é conhecida como *spam* (LEONARDI, 2012).

Com a legislação evoluindo e tornando as *fake news* um ato ilícito e que pode causar danos à imagem de terceiros que tenham sua imagem ou seu nome vinculados com aquilo, existe a forte ligação com a responsabilidade civil, conforme tudo que fora narrado anteriormente aqui, até mesmo a responsabilidade civil dos provedores de internet, nos casos de não remoção do conteúdo ilegal e até mesmo de sua omissão diante de uma ordem judicial para que o mesmo seja feito.

Existem ainda os provedores de acesso e de *backbone*, que podem impedir o acesso de um ou mais usuários a um determinado *site*, ou até mesmo um servidor, por meio de um bloqueio feito pelo endereço de IP[36] do usuário, esse método é extremamente eficaz, principalmente, quando é implementado de modo a afetar todos os usuários do provedor em questão, o

---

[36] Internet Protocol.

principal problema de tal método é que é impossível impedir inteiramente o acesso a um determinado *site* localizado naquele endereço de *Internet Protocol* (LEONARDI, 2012).

Outro grande problema relacionado à remoção de conteúdos ilícitos na internet é que se uma ordem judicial de remoção é dirigida a um provedor de hospedagem, nada impede que o indivíduo que é responsável pelo site armazene o conteúdo em um outro provedor de hospedagem, o que acarretaria na necessidade de uma nova ordem judicial para alcançar um provedor novo (LEONARDI, 2012).

O artigo dezenove do Marco Civil da Internet, anteriormente mencionado, fala que o provedor somente poderá ser responsabilizado se descumprir ordem judicial, assim, deverá ser responsabilizado pelos danos gerados a terceiros por decorrência de seu conteúdo.

Com isso, fica claro que cada provedor continua tendo a liberdade para implementar as políticas que achar necessárias com relação a remoção de conteúdo praticada de forma voluntária, o provedor não fica de mãos atadas esperando por uma ordem judicial para que seja realizada a remoção do conteúdo ilícito (LEONARDI, 2012).

O próprio *Google*, um dos mecanismos de busca mais conhecidos ao redor do mundo, talvez o mais conhecido, tem em seu próprio sistema a opção do usuário de remoção de conteúdo dos seus filtros de pesquisa, para tanto, deve ser preenchido um formulário e este formulário passará por uma análise interna, para ver se será ou não removido o conteúdo.[37]

Para Leonardi (2012), essa é uma excelente opção legislativa que é coerente com a realidade tecnológica e experiência internacional sobre o tema, uma vez que é preciso entender que diversos fatores econômicos, sociais e jurídicos justificam a isenção de uma responsabilidade direta para os provedores, pois caso isso não acontecesse, as plataformas *online* seriam uma grande forma de censura (LEONARDI, 2012).

Uma vez que os usuários não poderiam expressar suas opiniões, se um usuário falasse algo sobre determinado assunto e outro usuário achasse aquilo ofensivo, que causasse danos a sua imagem ou outra coisa, aquele usuário poderia processar o provedor para que fosse removido o conteúdo.

O artigo vinte do Marco Civil da Internet fala sobre a relação do provedor na comunicação de dados para o usuário que tiver informações de contato, sobre a remoção do conteúdo, nos termos do artigo dezenove da mesma legislação, para que exista o contraditório e a ampla defesa em juízo, conforme pode ser visto:

> Art. 20. Sempre que tiver informações de contato do usuário diretamente responsável pelo conteúdo a que se refere o art. 19, caberá ao provedor de aplicações de internet comunicar-lhe os motivos e informações relativos à

---

[37] Disponível em: https://support.google.com/websearch/answer/6349986?hl=pt-BR

> indisponibilização de conteúdo, com informações que permitam o contraditório e a ampla defesa em juízo, salvo expressa previsão legal ou expressa determinação judicial fundamentada em contrário.
> Parágrafo único. Quando solicitado pelo usuário que disponibilizou o conteúdo tornado indisponível, o provedor de aplicações de internet que exerce essa atividade de forma organizada, profissionalmente e com fins econômicos substituirá o conteúdo tornado indisponível pela motivação ou pela ordem judicial que deu fundamento à indisponibilização.

O Supremo Tribunal Federal irá analisar a constitucionalidade do artigo dezenove do Marco Civil da Internet, por meio do Recurso Extraordinário n. 1037396, que ainda não teve seu julgamento realizado pelos ministros, o caso em questão é com relação ao *Facebook*, sendo que a autora da ação nunca teve cadastro em tal rede social, porém foi criado um perfil falso, que continha fotos suas e até mesmo seu nome. Esse perfil era utilizado para ofender outras pessoas, foi alegado pela autora que sua vida começou a ficar insuportável, sendo necessário a reparação moral pelo dano causado.

A defesa do *Facebook* sustenta a constitucionalidade do artigo dezenove do Marco Civil da Internet, já que este teria como princípios norteadores a vedação à censura e à liberdade de expressão, segundo o que é dito pela empresa, a liberdade de comunicação não é um simples direito individual, sendo sim de uma coletividade, permitindo que as pessoas sejam informadas sem que exista a censura.[38]

Devido à vasta gama de usuários e de acessos diários, é impossível que o provedor consiga, sozinho, vigiar todas as postagens dos seus usuários, para garantir que nada ilícito esteja sendo compartilhado, torna-se impossível de vigiar todos e tudo que está sendo armazenado em seus sistemas. Sua responsabilidade emerge, então, quando toma o conhecimento de que algo ilícito está acontecendo em seu domínio, seja por um ato próprio, a comunicação de algum usuário, por meio de *reposts* de publicações ou até mesmo por meio de decisão judicial (LEONARDI, 2012).

A legislação brasileira encontra-se em constante evolução, um exemplo disso é o Marco Civil da Internet, que tutela esse grande ambiente virtual, porém, com o avanço tecnológico e a informação cada vez mais fácil de ser obtida, existe o problema das *fake news*, que criam desinformação com intuito de lucro ou de prejudicar a imagem de outra pessoa. A legislação brasileira encontra-se tentando criminalizar o ato das *fake news*, conforme pode ser visto nos projetos de Lei e alterações na legislação vigente citados anteriormente, o que não parece ser o caminho mais correto.

Existe uma linha muito tênue entre o cerceamento da liberdade de expressão e o controle das notícias falsas, por meio de uma legislação, posto que o controle

---

[38] Supremo Tribunal Federal. Disponível em:
http://www.stf.jus.br/portal/cms/verNoticiaDetalhe.asp?idConteudo=371229

das *fake news* parece o mais correto a ser feito por uma legislação, o outro ponto de argumento é o cerceamento do Direito Humano de liberdade de expressão, algo que não é permitido que ocorra. Sobre isso, será discutido no próximo ponto, no qual será tratado a respeito da impossível tutela das *fake news* por meio de uma legislação específica, tendo como fonte a colisão desse fenômeno com a liberdade de expressão.

4.2 FUNDAMENTOS CENTRAIS SOBRE A INVIÁVEL TUTELA DAS *FAKE NEWS*

Aqui será trabalhado a respeito da impossível tutela das *fake news*, uma vez que forem tuteladas, conforme o rumo que a legislação brasileira está tomando, será por meio do Direito Penal, o que causaria um grande prejuízo na liberdade de expressão, em virtude do conteúdo de informações poder ser controlado pelo Estado, sendo assim, o Estado seria o único dono da verdade, o que é algo muito perigoso para a sociedade.

Nesse ponto, existe uma colisão de princípios constitucionais, referente a liberdade de expressão e o fenômeno das *fake news*, sobre essa colisão de princípios, é possível afirmar que ela decorre do pluralismo, da diversidade de valores e de interesses que se abrigam no documento dialético e compromissório que é a Constituição (BARROSO, 2012).

A complexidade e o pluralismo das sociedades modernas levaram ao abrigo da Constituição valores, interesses e direitos variados, que eventualmente entram em choque (BARROSO, 2012), o choque de normas constitucionais pode se dar em três tipos, colisão entre princípios constitucionais, colisão entre direitos fundamentais e colisão entre direitos fundamentais e outros valores e interesses constitucionais (BARROSO, 2012).

É dito por Barroso que "em rigor, a estrutura normativa e o modo de aplicação dos direitos fundamentais se equiparam aos princípios. Assim, direitos que convivem em harmonia no seu relato abstrato podem produzir antinomias no seu exercício concreto." (BARROSO, 2012, p. 353), sobre os princípios, pode-se dizer que são determinações para que um bem jurídico específico seja satisfeito e protegido na maior medida que as circunstâncias permitirem (MENDES, 2012, p. 262).

O Supremo Tribunal Federal julgou, em 2003, o que ficou conhecido como caso Ellwanger, no qual havia um conflito entre a liberdade de expressão *versus* a dignidade da pessoa humana, visto que o caso tratava de livros que incitavam o racismo contra os judeus, o voto do ministro Gilmar Mendes com relação ao caso citado, diz que "não se pode atribuir primazia à liberdade de expressão, no contexto de uma sociedade pluralista, em face de valores outros como os da igualdade e da dignidade da pessoa humana.", para o ministro Celso de Mello "Aquele que ofende a dignidade de qualquer ser humano, especialmente quando movido por razões de cunho racista, ofende a dignidade de todos e de cada um".

Segundo Barroso, podem existir três formas de colisões de princípios, que são definidas como "como a insuficiência dos critérios tradicionais da solução de conflitos para resolvê-los (BARROSO, 2012, p. 356)", "a inadequação do método subjuntivo para formulação da norma concreta que irá decidir a controvérsia (BARROSO, 2012, p. 356)" e a "necessidade de ponderação para encontrar o resultado constitucionalmente adequado" (BARROSO, 2012, p. 356).

Então, os direitos fundamentais não são absolutos e, como consequência, seu exercício está sujeito a limites; por serem geralmente estruturados como princípios, os direitos fundamentais, em múltiplas situações, são aplicados mediante à técnica da ponderação (BARROSO, 2012).

Para Gilmar Mendes, tratando a respeito do conflito de princípios, é dito que se deve buscar a conciliação entre os princípios, uma aplicação de cada qual em suas próprias extensões variadas, segundo a respectiva relevância no caso concreto, sem que se tenha um dos princípios excluídos completamente do ordenamento jurídico, por uma irremediável contradição (MENDES, 2012).

Segundo o entendimento de Barroso, "A informação que goza de proteção constitucional é a informação verdadeira. A divulgação deliberada de uma notícia falsa, em detrimento do direito de personalidade de outrem, não constitui direito fundamental do emissor. (BARROSO, 2004, p. 25)", em 2004, Barroso já falou sobre espalhar notícias falsas e sua consequência, assim como mencionou que a proteção constitucional é somente para a informação verdadeira.

O principal argumento de não existir uma tutela penal para as *fake news* é que não exista uma limitação à liberdade de expressão, um Direito Humano e princípio fonte da Constituição brasileira. A liberdade de expressão é um dos pilares da democracia, ainda mais nos tempos modernos que o mundo vive, cercear tal direito somente traria prejuízo à população, que não mais poderá gozar do seu direito de forma total, como é o que deveria ser feito.

Não obstante a isso, as *fake news* precisam ser controladas para que deixem de prejudicar outros direitos envolvidos, o direito à informação e à comunicação, existe então um claro problema, que seria a relação desses direitos fontes, como liberdade de expressão, direito à informação e direito à comunicação com a criação e o envio em massa de *fake news* por meio de diversas redes sociais.

O Direito à Informação é um Direito constitucional que está previsto no art. 5.º, inciso XIV da Constituição Federal de 1988. Lá é dito que "é assegurado a todos o acesso à informação e resguardado o sigilo da fonte, quando necessário ao exercício profissional", sendo possível, então, afirmar-se que todos possuem o Direito à Informação. O Direito de ser informado tem, também, raiz constitucional, como se vê do mesmo artigo 5.º, inciso XIV, da Constituição Federal (BRANCO e MENDES, 2012). O referido inciso discorre que "é assegurado a todos o acesso à informação e resguardado o sigilo da fonte, quando necessário ao exercício profissional".

Assim, o Direito à Informação pode ser dividido em três categorias (SERRANO, 2011): o Direito de Informar, que consiste no Direito que os meios de transmitir informações possuem; o Direito de se Informar, que é, basicamente, o que garante a um indivíduo o poder de ser informado, de poder buscar quaisquer informações sem que elas sejam limitadas ou censuradas; e o Direito de ser Informado, que, em tese, é o que garante a funcionalidade das outras duas categorias citadas anteriormente.

A liberdade de manifestação do pensamento e de informação também tinha sua regulamentação na Lei n. 5.250/1967, conhecida como a Lei de Imprensa, no qual o artigo 1.º dispõe que "É livre a manifestação do pensamento e a procura, o recebimento e a difusão de informações ou ideias, por qualquer meio e sem dependência de censura, respondendo cada um, nos termos da lei, pelos abusos que cometer".

Apesar do conteúdo desse artigo e, em especial, da referência à liberdade de expressão por não depender de censura, é de se lembrar que essa Lei foi elaborada no ano de 1967, quando o país estava sob o comando de um governo militar. O artigo segundo estabelece que "É livre a publicação e circulação, no território nacional, de livros e de jornais e outros periódicos, salvo se clandestinos (art. 11º) ou quando atentem contra a moral e os bons costumes", deixando clara a intenção de controlar a circulação da mídia impressa, pois o que atentava contra o que era considerado como bons costumes, na época, era tirado de circulação, e hoje, cabe ressaltar, essa lei ainda permanece vigente.

O Direito de Comunicação é a manifestação e a recepção do pensamento, a difusão de informações, a manifestação artística ou a composição audiovisual. Quando ele é veiculado por um meio de comunicação de massa (SERRANO, 2011), a mídia só diz o que existe e, com isso, o que não existe também, por não ser veiculado, mas dá uma conotação apreciativa à realidade que é existente, julgando se algo é bom e verdadeiro (GUARESCHI, 2013).

Tratando-se sobre a liberdade de comunicação, é possível afirmar-se que ela "assume características modernas, superadoras da velha liberdade de imprensa. Nela se concentra a *liberdade de informar* e é nela ou através dela que se realiza o direito coletivo à informação, isto é, a *liberdade de ser informado* (SILVA, 2015)."

O Direito de Comunicação diz respeito tanto à preservação da expressão e da informação feita por um meio de comunicação em massa quanto à integração jurídica da existência e do funcionamento de todos esses meios de comunicação (SERRANO, 2011).

Os veículos de comunicação têm o dever de apurar, com boa fé e dentro de critérios de razoabilidade a correção do fato ao qual darão publicidade (BARROSO, 2004), segundo o que diz Barroso "É bem de ver, no entanto, que não se trata de uma verdade objetiva, mas subjetiva, subordinada a um juízo de plausibilidade e ao ponto de observação de quem a divulga (BARROSO, 2004, p. 25)". Ainda, é dito pelo autor que "Para haver responsabilidade, é necessário haver clara negligência na apuração do fato ou dolo na difusão da falsidade. (BARROSO, 2004, p. 25)"

Gonzaga Adolfo fala que "Enquanto a expressão de uma ideia, de uma opinião, de um pensamento não encontre necessariamente apego aos fatos, à veracidade, à imparcialidade, (...) , a informação, contrariamente, como bem jurídico que é, não pode ser confundida com simples manifestação do pensamento (ADOLFO, 2006, p. 265)."

Para Edilsom Farias, "no Estado democrático de direito o que se espera do sujeito emissor de uma notícia, como postura que denota apreço pela verdade, é o diligente contato com as fontes de informação, examinando-as e confrontando-as (FARIAS, 2001, p. 81)", também utilizar todos os meios disponíveis ao seu alcance, como medidas profiláticas, para certificar-se da idoneidade do fato antes de sua veiculação (FARIAS, 2001).

Assim, com essa verificação proposta por Edilsom Farias, a mídia de divulgação em massa não passaria notícias falsas, que contrariam a veracidade, o que é algo que poderia ser utilizado também nos dias de hoje, que os usuários de redes sociais pesquisem a veracidade da notícia antes de compartilhar *fake news*.

A opinião predominante na doutrina é avaliar como algo arriscado condicionar o exercício da liberdade de comunicação à constatação da verdade objetiva e absoluta (FARIAS, 2001), é dito por Edilsom Farias que "em primeiro lugar, tal condicionamento exigiria a suposição de que a verdade é aquela definida por órgãos estatais, em segundo lugar, porque a verdade objetiva em si não existe ou pelo menos é desconhecida dos mortais (FARIAS, 2001, p. 81)".

Sobre a relação entre liberdade de expressão e internet, pode-se afirmar que antes da criação da internet, era impossível imaginar um meio de comunicação que permitisse a interação entre centenas ou mesmo milhares de pessoas de uma forma simultânea, dentro de um mesmo espaço, sem que houvesse o controle do que era escrito e até mesmo divulgado (LEONARDI, 2012).

A liberdade de expressão pode ser dita como o direito de expressar e também de divulgar um pensamento, uma ideia e até mesmo um ideal, que é algo que importa no direito de ser informado, sem que exista sujeição a uma censura (SILVA, 2012).

Tratando a respeito de um possível conflito de normas, é dito por Silva (2012) que se estivéssemos diante de um simples conflito de legislações legais, a solução definitiva seria recorrer às normas de interpretação em um caso que exista conflito de leis, que vão da conhecida regra pela qual a lei posterior revoga a anterior até o caso de uma interpretação sistemática das leis de mesma abrangência (SILVA, 2012).

Com relação a um conflito entre princípios jurídicos, que é o caso do que está sendo estudado aqui, seria preciso escolher entre um e outro princípio, a técnica utilizada para isso deve ser a ponderação, dentro dos critérios de razoabilidade, verifica-se qual é o direito mais relevante no caso concreto (SILVA, 2012).

Alguns casos de bloqueio de conteúdo ilegal, como sites que divulgam *fake news* em massa, podem ser feitos pelo bloqueio de IP[39], conforme fora dito anteriormente, basta uma cooperação rápida e eficaz

---

[39] Internet Protocol.

pelo próprio Poder Judiciário para que isso aconteça, a razão disso é que uma vez fornecido o Internet Protocol pelo provedor de conteúdo, a vítima deve requerer ao juiz a expedição de um ofício ao provedor de serviços *online*, no qual o conteúdo foi publicado, para que forneça os dados cadastrais do usuário que foi responsável pelos atos ilícitos, esse procedimento é algo rotineiro dos provedores hoje em dia (LEONARDI, 2012).

Como uma forma de regra geral, o controle sobre o conteúdo é o que torna o provedor de serviços responsável pelo possível ato ilícito praticado por um terceiro, que seria um usuário dos serviços prestados por esse provedor, sendo assim, haverá responsabilidade do próprio provedor de conteúdo que exerce um controle editorial prévio sobre informações ilegais disponibilizados por seus usuários, em seus próprios domínios (LEONARDI, 2012).

Existe um problema nisso, no qual até que ponto o conteúdo deve ser removido e não afete a liberdade de expressão. Em alguns casos, são extremamente necessários o bloqueio de conteúdos ilícitos na internet, para Leonardi (2012), "o julgador tem a faculdade de determinar aos provedores brasileiros de acesso e *backbone* que impeçam o acesso a determinado *website* ou servidor (LEONARDI, 2012, p. 68)".

Para tanto, deve ser observado que essa é uma medida extrema e necessita ser ponderada com uma cautela enorme, pois em tais casos o bloqueio pode ser integral e não sendo viável do ponto de vista técnico, o que pode determinar a esses provedores apenas o bloqueio de parte de um *website* ou de um determinado arquivo em específico, isso é uma providência que compete ao provedor de hospedagem do conteúdo (LEONARDI, 2012), conforme o que já fora dito anteriormente.

    O Jornal Estadão fez um infográfico a respeito de como ter um senso crítico para poder defender-se das falsas informações, na reportagem, com ajuda de Cristina Tardáguila, diretora da Agência Lupa, uma das maiores esclarecedoras de *fake news* brasileiras, que já fora mencionada anteriormente neste trabalho, é dito por Cristina que tem que existir um senso crítico da população, "Até porque não há nenhum sinal de que a produção de notícias falsas vai diminuir". Deve ser feita uma educação virtual, que pode ser considerada como uma arma muito importante para que possam ser detectadas informações falsas, tanto no noticiário quanto na própria internet[40].

    Porém, existe uma grande dificuldade de detectar *fake news* até mesmo em países com melhores índices de escolaridade, foi realizada uma pesquisa na Universidade de Stanford, no qual apontou que 40% dos que realizaram a pesquisa tiveram dificuldades em detectar uma *fake news*, o alvo do estudo foram sete mil

---

[40] Estadão. Disponível em:
https://infograficos.estadao.com.br/focas/politico-em-construcao/materia/senso-critico-e-arma-para-combater-fake-news

oitocentos e quatro alunos dos ensinos médio, fundamental e superior, a pesquisa foi realizada em julho de 2018[41].

A seguir, serão listadas uma série de formas de identificar uma *fake news*, de forma resumida, o primeiro ponto seria não ler somente o título da matéria, sobre isso Tardáguila diz que "às vezes, um título é provocativo, mas ele não necessariamente está sendo honesto com a própria reportagem." "Os títulos são feitos para chamar a atenção. Então, você precisa ler o que está escrito para ver se o título confirma o texto.", após isso, deve-se verificar o autor de tal matéria, uma vez que se a matéria for assinada por um repórter o site demonstra responsabilidade pela qualidade da informação.[42]

Depois de ser feita a verificação do título e do autor, é hora de verificar o site, se é conhecido ou não, "Investigar que página é essa, ir lá no 'Quem somos' e saber se dá para ligar para essa redação e falar com um responsável é fundamental" aponta Tardáguila, algumas páginas de *fake news* tentam copiar *layouts* de sites conhecidos e até mesmo o endereço, mudando somente uma pequena letra na barra de pesquisa. Deve-se também verificar os erros ortográficos e a data da

---

[41] Estadão. Disponível em:
https://infograficos.estadao.com.br/focas/politico-em-construcao/materia/senso-critico-e-arma-para-combater-fake-news
[42] Estadão. Disponível em:
https://infograficos.estadao.com.br/focas/politico-em-construcao/materia/senso-critico-e-arma-para-combater-fake-news

publicação da reportagem, já que *fake news* contém inúmeros erros ortográficos e até mesmo traz à tona manchetes do passado como se fossem novidades[43].

Para Renato Opice Blum, presidente da Associação Brasileira de Proteção de Dados (ABPDados), com relação às *fake news*, é dito que "Temos um caldeirão de informações truncadas, causadas pela dinâmica de velocidade da internet.[44]". Reforçando assim, a ideia outrora mencionada, sobre o turbilhão de informações que estão à disposição da sociedade com uma enorme facilidade, graças a toda evolução tecnológica que houve na história da humanidade.

Em um seminário realizado pela BBC Brasil, o Vice-procurador-geral eleitoral, Humberto Jacques de Medeiros, disse que o Estado não pode ser o dono da verdade, para tanto, não deve tutelar sobre o que é um fato, alegando que uma vez tuteladas as *fake news*, a liberdade de expressão encontrará uma nova barreira. Segundo Humberto Jacques de Medeiros, "essa solução paternal de invocar o Estado para resolver esse problema alavanca o despertar do Estado, que se levanta e diz 'me chamaram para isso, e agora posso

---

[43] Estadão. Disponível em:
https://infograficos.estadao.com.br/focas/politico-em-construcao/materia/senso-critico-e-arma-para-combater-fake-news
[44] Estadão. Disponível em:
https://politica.estadao.com.br/noticias/geral,sites-que-produziram-materia-com-fake-news-de-jornalista-do-estado-podem-ser-punidos,70002751752

ser o dono da verdade e ter o monopólio da informação[45]".

Medeiros defende que a solução para o combate às *fake news* deve partir da cidadania, da educação e também da existência de um diálogo entre a mídia e a sociedade. É afirmado por ele que é necessária uma grande limpeza geral, que parte da sociedade, sendo uma responsabilidade de cada um, ele ainda afirma que "É muito melhor que existam muitas verdades e versões. E que o debate na arena pública e na comunicação social de qualidade separe e decante o joio do trigo.", sendo defendida também a qualificação dos receptadores de notícias a partir da educação[46]. Humberto Jacques Medeiros ainda defende que o caminho da censura, por mais tentador que possa ser, é extremamente perigoso e não deve ser trilhado, mesmo que o preço para isso seja uma grande quantidade de *fake news* e um excesso e desconfortante ruído por meio da sociedade, a solução para isso seria "com mais informação, com direito de resposta, com indenizações. Jamais o retorno de censura e da repressão[47]".

Nas últimas eleições, as de 2018, a população acabou por se preocupar com notícias que eram claramente falsas e, com isso, preferiram por deixar o

---

[45] BBC Brasil. Disponível em: https://www.bbc.com/portuguese/brasil-47530604
[46] BBC Brasil. Disponível em: https://www.bbc.com/portuguese/brasil-47530604
[47] BBC Brasil. Disponível em: https://www.bbc.com/portuguese/brasil-47530604

debate de lado. Sobre isso Medeiros diz que "Nunca houve uma eleição com tamanha desordem de informações e com tantas fontes diferentes", essa fala é para exemplificar a grande quantidade de *fake news* que foram compartilhadas nas eleições de 2018.[48]

Conforme foi visto, o argumento para que não exista uma tutela às *fake news* é que é necessária uma reeducação da população, para que a mesma comece a ter um maior discernimento a respeito de notícias falsas ou verdadeiras. Como é dito por Medeiros, o Estado não pode voltar aos tempos de censura e de repressão com a liberdade de expressão, por causa de um fenômeno de *fake news*, algo que pode ser combatido somente com educação, informação e um maior diálogo entre mídia e população.

Nesse mesmo seminário realizado pela BBC Brasil, chamado de *"Beyond fake news"*, especialistas debateram sobre o tema das *fake News*, Cláudia Costin, diretora do Centro de Excelência e Inovação em Políticas Educacionais da Fundação Getúlio Vargas (FGV), disse que a melhor forma de aprender a se defender das *fake news* é desenvolver o pensamento crítico, "pensamento crítico é aprender a pensar criticamente, e não copiar a crítica que o outro fez. É combater a doutrinação e não criar uma lei que tire a voz dos professores.", isso que vai resolver a situação, ensinar a pensar.[49]

---

[48] BBC Brasil. Disponível em: https://www.bbc.com/portuguese/brasil-47530604

Falando a respeito da eleição americana, que elegeu Donald Trump, Costin diz que as *fake news* são uma estratégia, por exemplo, se começar um discurso falando a respeito de *e-mails* (no caso do suposto vazamento dos e-mails de sua concorrente, Hulary Clinton) o foco é desviado de áreas que não se tenha total conhecimento ou que tenha qualquer proposta apresentável para a população.[50]

Tratando a respeito da neutralidade da rede, no "*Beyond fake news*" foi dito que o acesso à informação acaba sendo prejudicado por redes sociais como o *Facebook* e o *Twitter*, pois eles ferem a neutralidade da rede, que é o princípio pelo qual os provedores de internet devem fornecer conteúdos de forma igualitários entre os seus usuários. Ao receber notícias por essas plataformas, a pessoa não sai daquela rede e vai procurar a notícia por inteiro, tendo somente parte da informação[51].

Apesar disso ser compreensível e absolutamente concordável, não é possível visualizar em um cenário muito próximo uma solução para *fake news* sem que exista uma legislação a seu respeito. Essa reeducação da população é sim algo que deve ser feito, juntamente com uma legislação, que talvez possa ser temporária,

---

[49] BBC Brasil. Disponível em: https://www.bbc.com/portuguese/brasil-47547772
[50] BBC Brasil. Disponível em: https://www.bbc.com/portuguese/brasil-47547772
[51] BBC Brasil. Disponível em: https://www.bbc.com/portuguese/brasil-47547772

para dar um fim imediato às *fake news* e não existirem problemas no futuro, bem como o diálogo entre população e os meios de comunicação, afim de identificar e trazer à luz a verdade dos fatos, como é dito por Medeiros, mesmo que para isso existam várias verdades é melhor do que existir a censura para a liberdade de expressão.

Tratando a respeito da reeducação da sociedade, uma escola da zona sul de São Paulo passou a ensinar aos seus alunos como entender o que são *fake news* e de que forma identificá-las, sobre isso, o coordenador do projeto diz que "Primeiro, precisamos conscientizar nossos estudantes sobre a existência das *fake news*. Depois, mostramos como são construídas e, por fim, mostramos como eles podem checar se uma informação é confiável ou não"[52].

Nesse estudo das *fake news* feito pela escola, os participantes são os alunos do ensino médio, a partir da seleção de notícias falsas que ganharam destaque na internet, os professores fazem um mapa contendo os recursos e os truques que são utilizados frequentemente pelas *fake News*, o responsável pelo projeto disse que "Ao entender como é o processo, nosso aluno consegue se proteger."[53].

---

[52] Estadão. Disponível em:
https://educacao.estadao.com.br/noticias/geral,escolas-propoem-aulas-sobre-midia-e-fake-news,70003047130
[53] Estadão. Disponível em:
https://educacao.estadao.com.br/noticias/geral,escolas-propoem-aulas-sobre-midia-e-fake-news,70003047130

Para Vitor Blotta, professor do ECA-USP, é interessante não fazer somente uma checagem e crítica da mídia, há também questões sobre verificação de fontes, éticas e técnicas jornalísticas que precisam ser socializadas com os estudantes do projeto, ao invés de somente refutar as notícias falsas, é importante estabelecer iniciativas para produção de novas histórias e relatos em proximidade com a pesquisa científica[54].

Tratando a respeito da legislação pertinente aos conteúdos da internet, Bravo (2010) diz que a internet possui algumas peculiaridades com relação a conteúdos ilícitos, pois uma vez que o mesmo seja apagado de um site, pode simplesmente ser copiado e passado para um outro provedor, para garantir a sua distribuição, esses servidores podem ser de legislações e até mesmo países diferentes daquela que ordenou a retirada do conteúdo (BRAVO, 2010).

Ainda, é dito pelo autor que a natureza global das redes de comunicação restringe as possibilidades de uma aplicação efetiva das legislações nacionais, como no caso da brasileira (BRAVO, 2010) e os conteúdos ilícitos podem ser transmitidos rapidamente a outros servidores para assim tentarem esquivar-se de eventuais bloqueios (BRAVO, 2010).

Pode-se afirmar que existe um conflito muito forte com relação à legislação que bloqueia conteúdos, de um

---

[54] Estadão. Disponível em:
https://educacao.estadao.com.br/noticias/geral,escolas-propoem-aulas-sobre-midia-e-fake-news,70003047130

lado, existe a indústria da informação, que exige uma livre circulação de dados, conteúdos e informações sobre qualquer assunto, um controle exercido sobre isso significa colocar uma obstrução na informação da sociedade o que implicaria em uma falta de desenvolvimento do mercado, de outro lado, existem aqueles que querem acessar os conteúdos, os usuários da internet, que exigem uma circulação de conteúdos mais restrita e controlada, para que exista a proteção aos direitos do indivíduo (BRAVO, 2010).

Após falar sobre a argumentação que é contrária a uma legislação para as *fake* news, partindo da reeducação, que é algo também necessário, além da legislação e até mesmo da dificuldade de conseguir bloquear o *spam* massivo de conteúdos ilícitos na internet, é possível chegar à conclusão que sim, é necessária alguma legislação para inibir o envio de *fake news*, dado que elas são uma praga que, por hora, talvez precisem ser combatidas com um pesticida mais forte.

O próximo ponto a ser estudado trará a conclusão final sobre a tutela das *fake news*, com base no que foi estudado no ponto anterior e também neste, o próximo ponto trará à luz a matéria final a respeito da tutela de *fake news* na legislação brasileira e como ela deve ser realizada.

4.3 A (IM)POSSÍVEL TUTELA DAS *FAKE NEWS* NA SOCIEDADE DE INFORMAÇÃO

Em meio a esse tsunami de *fake news* que estava circulando durante o período eleitoral brasileiro de 2018, o Tribunal Superior Eleitoral criou um *link*, especificamente para desmentir essas notícias falsas, entre alguns dos itens que o Tribunal Superior Eleitoral esclarece, estão "vídeos com supostas formas de fraudar as urnas eletrônicas", "policiais militares divulgam suposta irregularidade em urnas eletrônicas do Distrito Federal", "urna auto completa o voto" entre várias outras opções[55].

Para falar sobre tutela de *fake news*, é preciso dialogar sobre o direito de comunicação, que é a manifestação e a recepção do pensamento, a difusão de informações, a manifestação artística ou a composição audiovisual, quando veiculadas por intermédio de um meio de comunicação de massa (SERRANO, 2011).

A mídia não só diz o que existe e, consequentemente, o que não existe, por não ser veiculado, mas dá uma conotação *valorativa* à realidade existente, dizendo se algo é bom e verdadeiro (GUARESCHI, 2013). Sobre a liberdade de comunicação, José Afonso da Silva diz que "assume características modernas, superadoras da velha liberdade de imprensa. Nela se concentra a *liberdade de*

---

[55] Disponível em:
http://www.tse.jus.br/eleicoes/eleicoes-2018/esclarecimentos-sobre-informacoes-falsas-eleicoes-2018

informar e é nela ou através dela que se realiza o direito coletivo à informação, isto é, a *liberdade de ser informado*. (SILVA, 2015, p. 248)"

Segundo o entendimento de Vidal Serrano Nunes Júnior, sobre regime jurídico e comunicação, é dito que são interligados dois aspectos complementares do regime jurídico do processo comum:

> Nele se interligam dois aspectos complementares do regime jurídico do processo de comunicação. De um lado, alicerçando a transmissão do pensamento, evocam-se as prescrições constitucionais designativas dos direitos fundamentais já tratados (opinião, expressão, informação), agora aplicadamente aos meios de comunicação social. De outro lado, em face de grande importância que os veículos adquirem no processo de comunicação, o direito de comunicação social vai até a regulamentação desses veículos ou meios de comunicação de massa. Reforça esse entendimento o ensinamento de Antonio Costella: "Direito da comunicação é o conjunto de normas gerais e cogentes que regulam a existência e a atuação dos meios de comunicação". (SERRANO, 2011, p. 43)

Com isso, podemos então afirmar que o direito de comunicação respeita tanto a preservação da opinião e da expressão quanto da informação quando são exteriorizadas por um meio de comunicação de massa e, de outro lado, se refere à integração jurídica da existência e do funcionamento desses meios de comunicação (SERRANO, 2011).

A liberdade de comunicação, no entanto, não é somente o difundido em rádio e televisão, mas também a escolha dos meios de exteriorização do pensamento e divulgação de informação, que são basicamente os livros, os jornais, os periódicos e os serviços de sons e imagens (SILVA, 2015).

Quando falamos de meios de comunicação, é impossível deixar de fora a internet, o grande espaço na qual as *fake news* são criadas e espalhadas, sobre as plataformas digitais, Guareschi, quando tratado a respeito das plataformas digitais, fala que "permitem uma comunicação entre diferentes grupos muito mais dinâmica, trazendo à tona criações artísticas colaborativas, processos democráticos de participação e gestão de projetos de forma coletiva. (GUARESCHI, 2013, p. 172)".

O autor também comenta sobre como é a comunicação na era digital "traz a questão da democratização das possibilidades de acesso a estes novos meios para o centro das atenções em diferentes cidades, estados, países e continentes. (GUARESCHI, 2013, p. 172)".

Humberto Jacques, o Procurador Geral do Tribunal Superior Eleitoral falou sobre o aplicativo de mensagens *Whatsapp*, onde foi dito por ele que "querer invadir, policiar e controlar comunicações interpessoais é algo atentatório ao regime democrático, ainda que você queira fazer isso com a melhor das intenções. Precisamos refrear qualquer instinto de censura"[56],

---

[56] JACQUES, Humberto. Disponível em:
https://politica.estadao.com.br/noticias/eleicoes,checagem-no-

sobre uma possível solução que pode ser feita junto com o aplicativo, foi sugerido pelo Procurador Geral que melhorassem a ferramenta de checagem dos fatos, onde ele sugeriu adotar o sistema do México, que é possível enviar uma mensagem recebida pelo aplicativo para uma agência, que apura se o fato é verídico ou não.

Para D'ancona, a pós-verdade é uma tendência, e profundamente alarmante, mas não é um ponto final, aqueles desanimados com essa virada incorreta precisam se reerguer e contra-atacar, o pior tipo de resposta possível é a passividade muda (D'ANCONA, 2017).

O autor também propõe que, diante da sobrecarga de informações, todos nós devemos nos tornar editores, ou seja, devemos filtrar, checar e avaliar (D'ANCONA, 2017) tudo o que estamos lendo, para então conseguirmos identificar o que é verdade e o que é uma *fake news*.

Outras empresas de mídia também combatem as *fake news*, elas visam buscar a pós-verdade espalhada e esclarecer o fato, alguns exemplos são o Globo e a Rádio Gaúcha, o que é algo que pode ser considerado como muito bom, porém, mesmo esclarecendo os fatos, nem sempre as pessoas acreditam, elas preferem acreditar naquilo que lhes é conveniente.

Até a mais absurda das notícias, se repassada um número suficiente de vezes pelo *Whatsapp* vai acabar atraindo o olhar e a atenção de pessoas, tendo então, que ser explicada por agências de renome e prestígio que se tratava de uma *fake news*, uma das mais recentes que foi presenciada, que o então candidato a presidência do Brasil, Fernando Haddad, teria uma lei que distribuiria mamadeiras nas creches com forma do órgão genital masculino. Por mais ridícula que essa *fake news* possa parecer, teve um público que acreditou e foi então preciso ser desmentida, conforme já fora mencionado anteriormente no segundo capítulo[57].

Outra *fake news* que teve grande repercussão nas mídias sociais e causou incerteza na população, foi que após o término da "greve dos caminhoneiros", que paralisou o Brasil, eles voltariam novamente a entrar em greve, e semana após semana essa *fake news* aparecia novamente e de formas diferentes, às vezes, como um suposto áudio de um dos líderes do movimento dos caminhoneiros, às vezes, como uma carta aberta e outras simplesmente como mensagem (UOL, 2019)[58].

Deve sim existir um limite às *fake news*, porém não da forma como está sendo inserido na legislação brasileira, na qual é punível penalmente por meio de detenção e até mesmo multa. A resposta para esse mistério pode estar na responsabilidade civil, tanto do

---

[57] Exame. Disponível em:
https://exame.abril.com.br/brasil/tse-determina-remocao-de-fake-news-contra-haddad/
[58] UOL, 2019. Disponível em:
https://economia.uol.com.br/noticias/redacao/2019/12/10/vai-haver-greve-dos-caminhoneiros-na-semana-que-vem.htm

usuário que compartilha e distribui conteúdos ilícitos, como o caso de *fake news* quanto com o provedor, que por omissão ou desleixo, deixa de retirar o conteúdo de circulação, mesmo após existir uma ordem judicial que lhe obrigue a fazer.

Segundo Guareschi, quando tratando sobre a internet, fala que "a internet pode chegar a transformar nossa maneira de entender a comunicação interpessoal. Ninguém que está inserido diariamente nas redes sociais segue sendo a mesma pessoa. Mas não é um mundo exotérico: há uma inter-relação online/off-line (GHARESCHI, 2013, p. 177)".

O motivo de defender uma tutela das *fake news* é que não pode deixar que elas tomem conta dos usuários de redes sociais, que sejam compartilhadas notícias sem o mínimo embasamento verídico somente para causar a desinformação, isso claramente afeta a democracia de todo um país e dificulta o filtro de informações, dentre outros sérios problemas trazidos pelas *fake news* para a sociedade.

Em maio de 2019, em um seminário internacional sobre *fake news*, promovido pelo Tribunal Superior Eleitoral, o Ministro da Justiça e Segurança Pública afirmou que o fenômeno das *fake news* precisa ser enfrentado, para não colocar em risco a democracia e também as eleições, para ele, o alastramento de *fake news* tornou-se um desafio para as sociedades que podem ser consideradas como democráticas[59].

Para Moro, "É um tema importante no mundo, não só no Brasil. Há uma dificuldade de controle sobre elas, pois esse é um tema que também envolve a liberdade de expressão". O Ministro também falou que existe uma dificuldade de diferenciar as notícias verdadeiras das falsas, ainda mais no âmbito da opinião pública e defendeu que, apesar de complexo, esse tema deve ser enfrentado pela sociedade de forma geral e por todas as cortes de Justiça[60].

Quando tratado a respeito do risco que existe com relação às *fake news*, foi dito pelo representante no Ministério Público Federal, no evento, que a sociedade precisa exercer o ato de votar e ser votado em um cenário livre de qualquer interferências e manipulações de terceiros, seja a natureza que for, isso é um preceito fundamental da democracia livre. Também foi dito que apesar de o Tribunal Superior Eleitoral ter atuado com base nos instrumentos que tinha a sua disposição, porém, "No entanto, as *fake news* são um termo muito abrangente, que deve ser analisado e que ainda demanda resposta mais efetiva do Estado. O MPF está certo que o debate e a busca de soluções conjuntas é o caminho."[61]

---

[59] Jornal O Globo. Disponível em:
https://oglobo.globo.com/brasil/autoridades-defendem-que-fake-news-sao-risco-democracia-as-eleicoes-23672924
[60] Jornal O Globo. Disponível em
https://oglobo.globo.com/brasil/autoridades-defendem-que-fake-news-sao-risco-democracia-as-eleicoes-23672924
[61] Jornal O Globo. Disponível em
https://oglobo.globo.com/brasil/autoridades-defendem-que-fake-news-sao-risco-democracia-as-eleicoes-23672924

O Tribunal Superior Eleitoral, recentemente, decidiu reforçar o combate à *fake news*, principalmente por causa do período eleitoral, no qual o Ministro Luiz Fux, do Supremo Tribunal Federal, já afirmou que podem anular o resultado de uma eleição, com isso, terá técnicos em centros de controles juntamente com a Polícia Federal, o foco desse combate vai ser as *fake news* que têm um potencial de anular o pleito eleitoral[62].

Quando tratando de verdade como um limite à liberdade de expressão, Branco diz que "Isso não impede que a liberdade seja reconhecida quando a informação é desmentida, mas houve objetivo propósito de narrar a verdade – o que se dá quando o órgão informativo comete erro não intencional.[63]", nesse entendimento, se uma *fake news* for espalhada e o divulgado teve algum erro, é possível que quem fez a divulgação a corrija, mas mesmo assim, ele não teve sua liberdade de expressão cerceada.

Porém, o requisito da verdade deve ser compreendido como exigência de que a narrativa do que se apresenta como verdade fatual seja a conclusão de um atento processo de busca de reconstrução da realidade (BRANCO, 2012), se é cobrada responsabilidade do jornalista, traduzida em diligência na apuração da verdade, tal requerimento não pode,

---

[62] TURULLO, Reynaldo Júnior. Disponível em:
https://www1.folha.uol.com.br/poder/2018/10/tse-decide-reforcar-combate-a-fake-news-e-tera-tecnicos-em-centro-de-controle-com-pf.shtml
[63] BRANCO, Paulo Augusto Gonet (2012, p. 403).

decerto, ser levado a extremos, sob pena de inviabilizar o trabalho noticioso (BRANCO, 2012).

D'ancona defende que "as tarefas triviais de pesquisa e recuperação de informação que costumavam consumir dias podem agora ser realizadas em segundos em um smartphone ou em um tablet (D'ANCONA, 2018, p. 109)", o autor com isso quer dizer que o acesso à informação é muito mais fácil do que era antigamente, é muito fácil distinguir o que é uma *fake news* do que é uma notícia verídica, bastam alguns segundos e o acesso à internet que a verdade aparece na nossa frente, sem muito esforço.

Para Silva (2012), não é equivalente a uma censura retirar um conteúdo da internet, pelos meios que forem necessários, como por exemplo, pena de desobediência de ordem de abstenção ou até mesmo quando existirem coisas mais graves, como preceitos, notícias, fotos e filmes que possam violar o princípio fonte da dignidade da pessoa humana (SILVA, 2012).

Como para a autora não existe censura se retirar conteúdos ilícitos da internet, que são exemplificados como filmes, fotos e conteúdos que possam violar a dignidade da pessoa humana, não existiria então o problema de ocorrer censura e cerceamento da liberdade de expressão em face da remoção de conteúdos de *fake news*.

Pode-se afirmar que é necessário articular uma série de mecanismos, tanto legislativos quanto técnicos para que possibilitem uma convivência entre o necessário fluxo de dados de informações e o respeito dos direitos dos cidadãos (BRAVO, 2010).

No dia dezesseis do mês de outubro, a Comissão de Ciência, Tecnologia, Inovação, Comunicação e Informática do Senado aprovou um Projeto de Lei que passa a incluir as *fake news* entre as hipóteses cabíveis de apresentação de ação civil pública, passando o texto a ser analisado pela Comissão de Constituição, Justiça e Cidadania[64].

O Projeto de Lei n. 246/2018, foi apresentado pela Senadora Mara Gabrilli, que propôs a alteração no mesmo, para que a solução das *fake news* não fossem somente uma multa na esfera penal, para as plataformas digitais, como o *Facebook* e o *Twitter*, mas sim que fosse feita uma alteração na Lei da Ação Civil Pública, Lei n. 7347/1985, para que ela contemplasse o conteúdo das *fake news* como uma das ofensas que justifiquem o acionamento do mecanismo anteriormente citado.

Para a senadora, um dos principais pontos é que as *fake news* já podem ser acionadas por meio da Ação Civil Pública, quando ela atinja a honra de um indivíduo específico, falta ainda a coletividade das *fake news* que possam ser englobadas pelas mesmas, o que segundo a senadora, ainda existe muito espaço para que a legislação brasileira seja aprimorada[65].

---

[64]Canal Tech. Disponível em: https://canaltech.com.br/governo/comissao-de-ciencia-e-tecnologia-vota-hoje-16-projeto-que-penaliza-fake-news-152647/
[65] Canal Tech. Disponível em:

A respeito disso, foi dito ainda pela senadora que "Nosso ordenamento jurídico já dispõe de um sistema de tutela de interesses coletivos no qual a legitimidade para a propositura de ações judiciais é deferida em regra a essas instituições de interesse público".[66] Ainda, é dito por ela que "O problema é que atualmente essa lei não autoriza, ao menos de forma clara, a propositura de 'ações coletivas' para a hipótese de *fake news* coletiva, o que merece ser corrigido[67]", isso em se tratando a respeito da Ação Civil pública, objetivo do projeto de Lei.

Esse Projeto de Lei entra como uma nova luz para a legislação das *fake News,* que outrora somente via o viés do Direito Penal, tentando punir com detenção e multa aqueles que passam ou criam notícias falsas para a população com o intuito de causar a desinformação.

Falando um pouco sobre o possível novo meio de tutela das *fake news*, a Ação Civil Pública, encontra sua fundamentação na legislação de n. 7.347/1985. A ação civil pública é um instrumento previsto na Constituição Federal, que pode se valer as defesas, como a Defensoria Pública e também o Ministério Público, afim

---

https://canaltech.com.br/governo/comissao-de-ciencia-e-tecnologia-vota-hoje-16-projeto-que-penaliza-fake-news-152647/
[66] Senado. Disponível em:
https://www12.senado.leg.br/noticias/materias/2019/10/16/cct-aprova-projeto-que-permite-acao-civil-publica-contra-noticias-falsas
[67] Senado. Disponível em:
https://www12.senado.leg.br/noticias/materias/2019/10/16/cct-aprova-projeto-que-permite-acao-civil-publica-contra-noticias-falsas

de defender interesses difusos, coletivos e individuais homogêneos.

A respeito de quem pode interpor Ação Civil Pública, o rol de pessoas jurídicas está presente no artigo quinto da Lei n. 7.347/1985, no qual é dito que "Tem legitimidade para propor a ação principal e a ação cautelar: I – O Ministério Público; II – A Defensoria Pública; III – a União, os Estados, o Distrito Federal e os Municípios; IV – A autarquia, empresa pública, fundação ou sociedade de economia mista.", ainda é referido sobre associações que têm que estarem conforme a lista de pré-requisitos, também pautada no artigo.

O artigo sétimo da Lei n. 7.347/1985 também fala que os juízes podem solicitar Ação Civil Pública, por meio do Ministério Público, conforme pode-se observar "Se, no exercício de suas funções, os juízes e tribunais tiverem conhecimento de fatos que possam ensejar a propositura da ação civil, remeterão peças ao Ministério Público para as providências cabíveis."

Para Bravo (2010), com a massiva expansão de conteúdos ilícitos na internet, como o caso das *fake news* leva à necessidade de ser considerado determinados aspectos que confluem no controle e na repressão de conteúdos ilícitos na grande rede (BRAVO, 2010).

O que acarretaria em uma forma de censura com relação à liberdade de expressão, como fora dito, existe uma linha extremamente tênue entre o que é ou não permitido pela liberdade de expressão e limitar um direito humano e princípio fonte, não parece ser a melhor solução possível.

Segundo o julgado do Tribunal de Justiça de São Paulo, com relação a responsabilidade civil e a internet, pode-se observar que:

> RECURSO ESPECIAL. DIREITO DO CONSUMIDOR. PROVEDOR. MENSAGEM DE CONTEÚDO OFENSIVO. RETIRADA. REGISTRO DE NÚMERO DO IP. DANO MORAL. AUSÊNCIA. PROVIMENTO.1.- No caso de mensagens moralmente ofensivas, inseridas no site de provedor de conteúdo por usuário, não incide a regra de responsabilidade objetiva, prevista no art. 927, parágrafo único, do Cód. Civil/2002, pois não se configura risco inerente à atividade do provedor. Precedentes.
> 2.- É o provedor de conteúdo obrigado a retirar imediatamente o conteúdo ofensivo, pena de responsabilidade solidária com o autor direto do dano.
> 3.- O provedor de conteúdo é obrigado a viabilizar a identificação de usuários, coibindo o anonimato; o registro do número de protocolo (IP) dos computadores utilizados para cadastramento de contas na internet constitui meio de rastreamento de usuários, que ao provedor compete, necessariamente, providenciar.
> 4.- Recurso Especial provido. Ação de indenização por danos morais julgada improcedente.
> Terceira Turma do Tribunal de Justiça de São Paulo, n. 1306066.

O caso analisado em tela relata sobre uma mensagem ofensiva que foi retirada de circulação, o provedor de internet foi obrigado a remover o material considerado como ofensivo e também restou dito que o provedor tem que disponibilizar a identificação do usuário, coibindo o anonimato. Sendo assim, pode-se garantir chegar a quem começa uma *fake news* e fazer uma reciclagem nos *sites* que as criam aos montes de circulação das redes.

A responsabilidade jurídica pode ser aplicada aos administradores de acesso e de serviço por conteúdos ilícitos na internet, sendo que essa responsabilidade pode ser civil, penal ou administrativa. Mesmo que os administradores de acesso não controlam diretamente os conteúdos, eles são submetidos em alguns casos, como os citados anteriormente de Alemanha e França, com o caso específico de *fake news* durante os respectivos períodos eleitorais (BRAVO, 2010).

Em uma tentativa de delimitar a culpa dos operadores de acesso à internet, a Comissão sugere uma série de medidas preventivas que conduzem a evitar-se que os conteúdos ilícitos presentes na grande rede de ligação mundial possam ser acessados e que, assumidas pelos administradores, os liberem de eventuais assunções de responsabilidade (BRAVO, 2010).

Na realização de um painel para discutir sobre *fake news*, pelo Superior Tribunal de Justiça, participou o Ministro do Supremo Tribunal Federal, Dias Toffoli, que disse que o estudo descobriu que as notícias falsas tem 70% mais de chance de serem *retuitadas* e repassadas para os outros do que as notícias que são verdadeiras, é nesse contexto que as *fake news*, também chamadas de notícias fraudulentas, são inseridas[68].

Segundo uma matéria realizada pelo Estadão *Online*, o Presidente do *Whatsapp*, Bem Supple, admitiu que algumas empresas infringiram os termos de uso do aplicativo de comunicação em massa e fizeram disparos massivos de mensagens durante o período eleitoral brasileiro do ano passado, segundo o que foi dito por Supple, "Houve empresas que mandaram mensagens em grandes quantidades e que violaram nossos termos de serviço para chegar a públicos maiores"[69].

A respeito disso, é permitido pela legislação eleitoral que existam propagandas de candidatos nas redes sociais, se for de acordo com a própria rede social em questão, com o que foi dito pelo diretor do *Whatsapp*, houve uma clara quebra do permitido, uma vez que as mensagens foram enviadas de forma massiva e sem a permissão do aplicativo, isso pode configurar uma violação da legislação eleitoral, em tese.

A legislação para tutela das *fake news* não pode interferir no princípio da liberdade de expressão, e isso pode ser como um tiro no pé, uma vez que o Estado acredite que somente punindo de formas previstas no Direito Penal, porém isso não vai acarretar em uma

---

[68] Site do STJ. Disponível em: http://www.stj.jus.br/sites/portalp/Paginas/Comunicacao/Noticias/STJ-participa-do-lancamento-de-painel-de-combate-as-noticias-falsas.aspx
[69] Estadão. Disponível em: https://opiniao.estadao.com.br/noticias/notas-e-informacoes,a-responsabilidade-das-redes,70003048636

diminuição na quantidade de *fake news*, prender uma pessoa não vai alterar os rumos da guerra contra a desinformação da sociedade.

Após argumentar tanto a favor como contra a tutela das *fake news*, é possível sim dizer que o melhor método para a resolução desse problema, ao menos a curto prazo, pode ser encontrado no Direito Civil, mais precisamente na responsabilidade civil, tanto dos usuários de serviços de internet como dos provedores destes mesmos serviços, conforme o Marco Civil da Internet.

Porém, isso também não é uma solução definitiva, fica claro que a solução é realmente a educação da população, que precisa aprender a analisar os fatos e não somente sustentar uma crítica porque outra pessoa mais influente criticou algum determinado assunto, o problema disso é que é uma solução para um prazo muito longo, e até lá não se sabe como vão estar as coisas com relação às *fake news*.

Vive-se em um momento histórico, no qual é possível obter quase qualquer informação em uma velocidade nunca antes imaginada, mas isso está vindo com um grade empecilho junto, o problema da superinformação, no qual todos podem dizer o que querem na internet, claro, respeitando o princípio da dignidade da pessoa humana.

Com essa grande massa de informação, torna-se impossível até mesmo para quem tem um grau mais elevado de estudo, identificar todas as *fake news* que são repassadas, além de ser algo extremamente trabalhoso. Até que ponto isso pode ser um limite para a liberdade de expressão, já que se não forem tuteladas, as *fake news* podem tomar conta de toda a internet, porém se formos apelar para o Estado, como é bem dito por Medeiros, o Estado pode acabar ditando o que é ou não verdade.

Para exemplificar, o último momento no qual o Estado realmente controlou o fluxo de informações foi durante o período da ditadura militar de 1964, onde tudo passava por um pente fino, para que qualquer informação que o Estado considerasse fora de suas linhas de pensamento sofria uma censura no mesmo instante.

Nesse mesmo período, até o estudo era controlado, sendo que existiam militares dentro das salas de aula, para observar o que era dito, tanto pelos alunos de universidades quanto pelos professores, também era observado o que era lecionado.

O momento que vive o mundo é onde existem muitas verdades e também muitas mentiras, para que seja possível ter uma navegação segura, deve-se aprender a ter senso crítico, além de saber que aqueles que podem não o ter, serão amparados por uma legislação feita para o povo, que é o caso da Ação Civil Pública.

5 CONCLUSÃO

Após estudar uma parte da evolução histórica do Direito Humano de liberdade de expressão, no primeiro capítulo, bem como falar sobre a liberdade à informação, o primeiro capítulo trouxe conceitos a seus respectivos respeitos. A liberdade de expressão é um valor fonte da Constituição Brasileira, não somente dela, mas também é um Direito Humano, o que todos sabem, é algo irrenunciável.

Tratando um pouco a respeito da liberdade de expressão, ela é considerada como um dos pilares da Constituição e também algo imprescindível para a democracia, uma vez que possibilita o debate entre as partes, com o intuito de talvez mudar uma opinião ou reforçar o que já se tinha como ideal.

A liberdade de expressão é um Direito Humano, sendo que aparece tanto no Pacto Internacional dos Direitos Civis e Políticos, que foi adotado e ratificado por Assembleia Geral da Organização das Nações Unidas (ONU), quanto no Pacto de San José de Costa Rica, também conhecido como (Convenção Americana sobre Direitos Humanos).

A liberdade de expressão está presente na Constituição brasileira de 1988, mais precisamente, ela é considerada como um direito fundamental e está prevista no rol do artigo quinto da Constituição. Ainda, goza de uma proteção constitucional para que não exista nenhum tipo de censura prévia ao seu conteúdo.

Tratando a respeito do artigo duzentos e vinte da Constituição, pode-se afirmar que o principal freio da liberdade de expressão é o direito à dignidade da pessoa humana, sendo um valor fonte, o qual talvez não seja somente o freio da liberdade de expressão, mas de todos os direitos envolvidos no mundo ocidental.

Quando tratado sobre qual o âmbito da proteção da liberdade de expressão, pode-se afirmar que compreende a manifestação pública de pensamentos, ideias, opiniões, juízos de valores, críticas, crenças (religiosas ou não) e tudo mais que é encontrado nestas linhas, sendo assim, o objeto da liberdade de expressão abrange sempre elementos subjetivos.

Ainda, é possível afirmar que, conforme fora dito no primeiro capítulo, uma consequência prática desse plano subjetivo, que caracteriza a liberdade de expressão, é o fato de que ela não pode ser submetida ao requisito da comprovação da verdade.

Ainda a respeito da primeira parte do primeiro capítulo, pode-se dizer com relação à liberdade de expressão, que ela não existe para si mesma, mas sim para satisfazer o desejo humano, ainda que se defenda sua condição como um direito, a liberdade de expressão somente existiria em um mundo que pode ser considerado como fenomênico em sua necessária relação com o ser humano.

A liberdade de expressão tem ganhado um grande destaque recentemente, com o uso cada vez maior das redes sociais e o grande debate que isso traz. Até mesmo os comentários nas notícias postadas ou nos movimentados grupos de *Whatsapp*.

Conforme fora visto, a liberdade de expressão goza de uma proteção pela Constituição, onde qualquer indivíduo pode manifestar-se, como também ela tem uma proteção, de que o Estado não irá fazer nenhum tipo de censura prévia ao seu conteúdo.

Com relação à dignidade da pessoa humana, foi possível afirmar que é o limitador da liberdade de expressão, uma vez que a mesma afete a dignidade da pessoa humana ela tem sua plena funcionalidade freada, a liberdade de expressão opera na esfera das relações da comunicação e da vida social, sendo assim, deve respeitar o zelo da dignidade.

Deve-se lembrar que a Constituição foi elaborada em 1988, com relação a isso, existe em seu bojo constitucional o artigo duzentos e vinte um, onde fala que um limite à liberdade de expressão seria o respeito aos valores da família brasileira, o que é algo extremamente problemático.

O que seriam esses valores e o que seria considerado como família brasileira nos tempos atuais, sobre isso, esse artigo não traz grande luz com relação a um limite de liberdade de expressão, visto que todo o tipo de família deve ser considerada uma família, não somente o que era dito como um casal de antigamente.

A liberdade de expressão é formada por cinco pilares, eles são a própria liberdade de expressão (que é o direito de expressar opinião por palavra ou imagem); a liberdade de imprensa (dispor acesso de informação, por meios de comunicação em massa, sem a interferência do Estado); liberdade de informação (ter acesso à informação retida por organismos públicos); liberdade de cinematografia e liberdade de rádiofusão.

No primeiro capítulo também fora tratado a respeito da primeira grande revolução tecnológica, que aconteceu entre os anos de 1950 e 1970 e a influência que essa revolução possui atualmente na liberdade de expressão, uma vez que com o avanço da tecnologia, a comunicação acabou por se tornar algo mais fácil e prático, presente no dia a dia de todos.

A respeito da natureza humana, é afirmado que cada ser humano é dono de seus valores, de suas próprias liberdades e também de seus direitos, sejam esses fundamentais, humanos e os previstos em Códigos, sendo essa a ordem natural das coisas. Ao que se refere à Revolução Tecnológica, principalmente com relação ao que aconteceu entre os anos de 1950 e 1970, pode-se afirmar que foi um período marcado com a expansão do uso de computadores digitais e também de arquivos digitais. Nessa mesma época, o princípio da internet também foi criado, porém, como fora visto, tinha um propósito muito diferente do que é hoje.

É estudado também que a característica central da Revolução Tecnológica não é a centralidade de conhecimentos e de informações, mas sim a aplicação desses mesmos conhecimentos e dessas informações para a geração de novos conhecimentos e de novos dispositivos de processamento da informação, em um grande ciclo de inovação da tecnologia e da informação.

Na segunda parte do primeiro capítulo, também fora estudado que em 1975 surge uma fusão entre a telecomunicação análoga e a informática, o que acabou por possibilitar a veiculação sob um único suporte, o revolucionário computador. Em seus primórdios, o computador ocupava uma sala inteira, muito diferente do que é hoje, com a evolução da tecnologia, é possível ter um computador infinitamente mais rápido e mais potente do que a sua primeira versão em um celular.

Também foi dito que as novas tecnologias da informação estão integrando todo o planeta em redes globais de instrumentalidade, a comunicação medida por computadores gera uma gama enorme de comunidades virtuais, comunidades virtuais de pessoas, as quais são formadas por algoritmos que, em tese, unem pessoas de mesmos ideais e crenças em uma comunidade, que também pode ser chamada de bolha, uma vez que une todos aqueles que pensam do mesmo jeito.

Apesar de que pode ser visto como algo bom, essa grande ligação da sociedade por meio da internet, a criação desse algoritmo que junta as pessoas e forma bolhas, pode-se afirmar que é um grande problema, no qual o Estado ou até mesmo os criadores de uma determinada rede social podem controlar e vigiar os dados de seus usuários.

A internet pode ser considerada como a espinha dorsal da comunicação por computadores, já que é a rede que liga a maior parte da população ao redor do globo. A internet encontra-se em um dos pontos mais altos do uso em toda a história, uma vez que ela é um canal de relacionamento humano.

Sobre a revolução tecnológica, foi possível observar que ela contribuiu para vários meios de inovação, por óbvio. Nessa revolução as descobertas realizadas e suas aplicações eram testadas de forma repetitiva até obter o sucesso no experimento.

    A comunicação é necessária para que existam relações humanas, um dos pilares da democracia é justamente a liberdade de expressão, com relação a isso, foi dito que a sociedade tem o direito inalienável de observar e de participar de qualquer decisão que possa afetar sua comunidade ou até mesmo suas informações.

    Mesmo que estejam todos ligados por meio da internet, existem algumas circunstâncias específicas que tornam a comunicação e a informação algo que vai ficando cada vez mais complexo, entre as principais causas disso é possível dizer que uma delas é a abundância de canais de comunicação e de digitalização de conteúdo, as mensagens eletrônicas que são enviadas de forma instantânea, o crescente peso econômico, político, cultural e militar dos processos de informação e de comunicação, assim como as intermináveis mudanças na conservação, disseminação e codificação das mensagens e vídeos enviados para a internet.

    Também fora dito que as novas tecnologias tem grandes vantagens se forem comparadas com os meios de comunicação considerados tradicionais, como jornais, televisão e rádio, porque a tecnologia aliada à internet permite que exista uma interação entre as pessoas, proporcionando um ideal para a comunicação democrática, uma vez que os dispositivos interativos proporcionam um debate fundamental para o exercício da democracia.

O fluxo de informações e a forma que as sociedades recebem e lidam com elas é algo de sua própria cultura, assim como o que contém nas informações recebidas é algo cultural, que ajudam a formar a identidade de uma determinada sociedade de informação.

Sobre a Sociedade da Informação, cabe ressaltar mais uma vez que ela pode ser considerada como um marco histórico da evolução humana mais recente, que é algo fundamental, sendo que possibilita o acesso ilimitado, em tese, à informação, algo vital para a própria sociedade.

Isso leva ao próximo ponto, que é o impacto da internet na liberdade de expressão. Cabe ressaltar que com a evolução da rede global que liga grande parte da população, o uso da liberdade de expressão ganhou precedentes nunca antes imaginados, uma vez que existe uma grande facilidade de conversa entre usuários de redes sociais e também desses mesmos usuários poderem compartilhar suas opiniões com relação aos mais diversos assuntos que lhes seja de interesse.

Aqui, cabe ressaltar que algo que ajudou no desenvolvimento das novas tecnologias sem sombra de dúvidas é a liberdade de expressão, é o desejo do ser humano de poder falar, informar e ser informado sobre o que acontece ao redor do mundo.

A internet revolucionou os meios de comunicação de uma forma nunca antes vista, pelo simples fato de ser possível receber informações em tempo real, do que acontece do outro lado do mundo, é algo que era impensável a quarenta anos atrás.

O mundo todo é conectado por meio dessa rede sem fio, algo fundamental para a liberdade de expressão, sendo que todos têm o seu espaço de comunicação a seu dispor, ainda mais com a criação das redes sociais, como o *Facebook* e o *Twitter*, que são plataformas muito utilizadas.

Conforme fora dito anteriormente, 74% das residências brasileiras possuem acesso à internet e cerca de 93% dos domicílios possuem ao menos um aparelho celular, se for considerar essas porcentagens, é um número extremamente alto de acesso à internet feito em território brasileiro.

Todas essas pessoas utilizam essa rede de conexão sem fio da forma que acharem devida, seja para se atualizar, seja para ver as redes sociais e o que os seus amigos estão fazendo ou então para debater com outras pessoas, sobre assuntos relevantes para a sociedade.

No Brasil existe a Lei n. 12.965/2014, o conhecido Marco Civil da Internet, que como o próprio nome diz, tutela o uso da internet no território brasileiro, definindo regras mais claras a respeito dos direitos, dos deveres e dos princípios do uso da internet no Brasil.

No Marco Civil da Internet, estão reconhecidos princípios constitucionais como a liberdade de expressão e a privacidade dos direitos humanos, além disso, institui a responsabilidade dos provedores de serviços de internet, assim como a atuação do Estado no desenvolvimento e no uso da rede.

Dando continuidade, o segundo capítulo trabalha a respeito das *fake news*, como elas surgiram, seus possíveis conceitos e qual a finalidade delas. Sobre isso, cabe aqui falar que a mera criação de uma *fake news* sempre tem algum interesse por trás, seja político ou particular.

O intuito das *fake news* é o de causar uma desinformação da população afim de obter algum benefício, como fora estudado no segundo capítulo do presente trabalho.

As *fake news* são uma tentativa de confundir a população, de uma forma que elas não consigam mais fazer a distinção entre o que é verdade e o que é mentira, para tanto, uma das principais ferramentas utilizadas pelos criadores de *fake news* é o excesso de informação, que ocorre de forma tão rápida ao ponto de tornar quase impossível parar para analisar alguma determinada notícia, devido ao grande fluxo de informações sendo recebido.

O conceito de *fake news* é muito bem dito por Cortella, onde ele diz que *fake news* tem o conteúdo malévolo à medida que distorcem a consciência, prejudicam a ação e deturpam a capacidade de uma convivência sadia para a sociedade de forma geral.

Com isso, é possível dizer que *fake news* nada mais são do que o excesso de informação, porém usado para o benefício de alguém, para confundir a população e poder manipula-la ao seu interesse próprio, à medida que se torna um esforço muito grande ir atrás da verdade de fato, grande parte da população acaba acreditando na primeira coisa que recebe e repassando para seus próprios amigos, criando um ciclo interminável de mentiras.

Com o avanço da Internet, das redes de computadores, e dos celulares, existe uma grande massa de informações circulando a todo instante ao redor do mundo. Isso foi facilitado com o avanço tecnológico proporcionado pela humanidade, conforme já fora dito anteriormente.

O grande fluxo de *fake news* era mais comum durante os períodos eleitorais, como o que fora vivido em 2018 no Brasil, porém, hoje, existe ainda um grande repasse de informações falsas, tanto quanto ou até mesmo mais do que no ano de eleição anterior.

Grande parte das notícias falsas são repassadas até mesmo por nossos governantes, no caso do perfil do presidente Jair Bolsonaro no *Twitter*, onde o mesmo posta informações sem ir checar se são ou não verdade, o que talvez seja considerado como um grande espelho da população brasileira, onde em sua grande maioria espalha informações pela rede sem antes ir checar os fatos a fundo, para não espalhar mentiras.

O problema das *fake news* é que elas não são somente algo escrito, existem imagens que são passadas como uma verdade para a população, essas imagens podem ser editadas por terceiros como também podem ser algo que aconteceu em algum ano anterior ou outro lugar, mas repassada atualmente em um contexto completamente fora da verdade de fato.

Esse grande repasse de informações e essa facilidade de ter contato com os outros seres humanos leva ao grande problema da pesquisa, como parar as *fake news*, sem que exista o cerceamento da liberdade de expressão na legislação brasileira.

Somente no Brasil, no ano de 2018, durante o período eleitoral, várias *fake news* ganharam fama e tiveram que ser retiradas de circulação, por meio de ordem judicial e de julgamento, seja do Supremo Tribunal Federal, seja do Supremo Tribunal de Justiça.

Durante o período eleitoral brasileiro, as *fake news* foram tão compartilhadas, de uma maneira tão rápida e de tantas formas diferentes, que alguns ministros do Supremo Tribunal Federal chegaram a declarar que a eleição poderia ser extremamente prejudicada.

No território brasileiro, uma boa parte do combate às *fake news* é realizado pela própria mídia, como a Agência Lupa, muito conhecida por trazer a verdade às notícias falsas, por meio do *fact-checking*, que nada mais é do que verificar se a informação passada é verdade ou não, por meio de outras notícias, legislações ou dados que corroborem ou digam o contrário.

Mesmo assim, é extremante difícil de controlar o que é ou não colocado em redes socias como *Facebook* e *Twitter*, uma vez que grande parte das *fake news* ganha uma enorme circulação através destes meios. Não é defendido que acabem com as redes sociais, porém que exista um controle maior do que é colocado em seus domínios.

Por falar em redes sociais, elas criam um outro efeito, que ajuda na propagação das *fake news*, que são as denominadas bolhas sociais. Bolhas sociais nada mais são do que a junção de pessoas com ideias parecidas em uma rede social. Ou seja, compartilham mensagens, notícias e postagens somente com aqueles que tenham interesses comuns.

O problema nessas bolhas sociais é que se fica preso em um algoritmo, no qual seus amigos e você compartilham de uma ideia e com isso é possível acreditar que isso é uma maioria, mas se for ver fora da bolha social, a mesma ideia é extremamente reprovada por um outro círculo de pessoas.

Conforme fora dito no texto, durante a eleição americana de 2016, 62% dos americanos disseram que recebiam notícias por meio de suas redes sociais, como o *Facebook* e o *Twitter* e o mais preocupante sobre isso é que 18% disseram que somente utilizavam essas redes para ficarem informados, ou seja, utilizavam as redes socias somente para receberem notícias.

Partindo para o ponto em que é estudada a relação de *fake news* com a liberdade de expressão, como se sabe, todos têm direito à liberdade de expressão, e esse direito incluirá a liberdade de procurar, de receber e também de difundir informações e ideias de qualquer natureza. O que em teoria, caso não ultrapasse a dignidade da pessoa humana, qualquer informação tem seu direito de ser passada, assegurado pela liberdade de expressão.

Entrando no ponto em que é estudada a pós-verdade na sociedade de informação e também falado sobre o *fact-checking*, é possível afirmar que uma das melhores coisas com relação à tecnologia é que ela permite uma grande ampliação na capacidade de conhecimento do cidadão.

Também pode-se afirmar que a tecnologia é uma condição necessária, porém não suficiente para a emergência de uma nova forma de organização social baseada em redes, o que fica claro que apesar de tudo, não é possível ainda uma nova organização social baseada na internet e nas redes de comunicação *online* espalhadas por todo o mundo.

Sobre isso, o ciberespaço, como também é conhecido o ambiente *online*, não determina automaticamente o desenvolvimento da inteligência coletiva, como pode ser observado atualmente, ele apenas fornece a esta inteligência um ambiente propício para o seu desenvolvimento.

O avanço tecnológico possibilitou um meio de formar opiniões diversas e divergentes entre os usuários de internet, claro que antes era algo que já existia com quem visse uma manchete em um jornal ou até mesmo olhasse notícias na televisão, porém com o avanço da internet, cada vez mais veloz e com cada vez mais facilidade de acesso, o usuário acabou por receber um ambiente muito mais facilitado para a formação de opinião, uma vez que ele tem toda a informação que necessita em um simples *click*.

A respeito disso, é defendido que tarefas simples como uma pesquisa e uma recuperação de informação, que costumavam demorar muitas horas e até mesmo dias para serem realizadas, agora podem ser feitas em segundos, através de celulares, *tablets* e computadores.

Apesar dessa, em tese, facilidade de verificar uma fonte de uma determinada notícia, grande parte da população não o faz, pois acaba por acreditar na primeira coisa que recebe e com isso vai repassando, conforme já fora dito, criando um ciclo em que mais pessoas vão fazer a mesma coisa, até que a *fake news* seja espalhada entre grande parte dos usuários das redes sociais.

É defendido que as *fake news* precisam de dois polos para que tenham seu funcionamento garantido, precisa do emissor, aquele que elabora a *fake news* e a distribui na rede, mas também precisa do receptor, que é o usuário que a recebe, quanto ao receptor, cabe verificar a autenticidade dos fatos, como verificar a fonte, a data e tentar identificar se tem algum interesse naquela mentira espalhada, como por exemplo, quem vai ganhar algo espalhando aquilo.

Isso é o *fact-checking*, que além de poder ser realizado pelos próprios usuários de internet, também é realizado por grandes nomes, como a Agência Lupa, o jornal Globo, a Rádio Gaúcha, o UOL e a rede de televisão Bandeirantes, estes são somente alguns nomes que fazem *fact-checking* de *fake news*.

O *fact-checking* é a checagem dos fatos, onde é estabelecido um confronto de histórias com dados, com pesquisa e com registros. O maior expoente desse trabalho no território brasileiro é a Agência Lupa, que durante o período eleitoral de 2018 realizou um grande trabalho para a checagem em massa do que era falado, tanto nos debates quanto nas campanhas eleitorais.

As *fake news* são um problema para a legislação, grande parte da legislação brasileira, que se encontra em tramitação, ao menos, entende que elas devem ser tratadas no sentido de criminalizar. Porém esse é um caminho muito perigoso de se tomar, uma vez que algo assim for criminalizado, pode ser um princípio de que o Brasil esteja voltando para quando ainda existia uma ditadura comandando, que censurava grande parte do conteúdo em que existia ideias contrárias ao comando.

A responsabilidade de quem compartilha deve existir e ser reparada de forma civilmente, tanto pelo usuário de uma rede social que compartilha uma *fake news* a respeito de alguma pessoa quanto pelo provedor, que mesmo após ordem judicial não remover o conteúdo.

É inegável que as rede sociais como *Facebook*, *Instagram*, *Twitter* e *sites* como o *Google* controlam e manipulam o que é mostrado para seus usuários, tentando induzir comportamentos em um grupo pré-determinado ou até mesmo anúncios de suas mais recentes pesquisas realizadas em sites diversos ou produtos que simplesmente apareceram em *feeds* de *sites* após surgirem em conversas pessoais nas quais o aparelho celular estava por perto durante a conversa.

A sociedade atualmente é controlada e vigiada de perto por estes mecanismos, na qual uma pessoa que decida não usar redes sociais é excluído do grande grupo, e pode ser considerado mais como uma irregularidade no sistema, do que alguém que é diferente, já que foi escolhido por esse indivíduo abster-se de redes sociais, tentar livrar-se das correntes que aprisionam os seus usuários, a ponto de ter que ver o celular seguidamente, para ver notificações ou o que está acontecendo de novo na vida das pessoas.

O *Whatsapp* chegou a banir milhares de contas de usuários que estavam espalhando *fake news*, esses usuários eram *bots* contratados para que o envio de notícias falsas fosse feito de forma massiva, espalhada para grande parte dos usuários que utilizassem o aplicativo de mensagens.

Por óbvio, pode-se afirmar que as grandes mídias de comunicação em massa como o rádio, televisão, Internet, entre outras, possuem um alcance muito maior do que somente alguns usuários falando sobre um determinado assunto e expondo suas opiniões pessoais.

O problema em questão, como afirmado, encontra-se na sua potencialização de alcance global, e algumas vezes esse mesmo alcance é utilizado para espalhar notícias falsas e prejudicar uma determinada população ou, até mesmo, um país inteiro.

Passando a falar sobre os efeitos das *fake news* na liberdade de expressão, pode ser dito que, ao contrário do princípio norteador das *fake news*, a liberdade de expressão encontra o seu limite na dignidade da pessoa humana, como já fora dito várias vezes no decorrer do presente trabalho.

A relação com as redes sociais é fundamental para a liberdade de expressão, porém alguns usuários dessas redes compartilham opiniões que ofendem a dignidade da pessoa humana, como opiniões racistas, por exemplo. A respeito disso, a eficácia das *fake news* é muito dependente de uma comunhão de valores que ela produz e de uma própria zona de conforto, no qual o usuário encontra algo que pode confortar a sua opinião pessoal.

É dito que ao usar redes sociais para compartilhar alguma coisa, não é possível identificar ao certo o autor de uma determinada coisa, basta uma simples olhada em imagens de pessoas famosas, como Charles Chaplin, Einstein e Stephen Hawk que existem milhares de frases vinculadas à imagem dessas pessoas, coisas que nunca se quer foram ditas pelas mesmas. Com isso, o indivíduo acaba perdendo o nexo com o autor de fato daquilo que ele quer compartilhar, acaba perdendo a originalidade da ideia e se de fato ela é algo verdadeiro ou não.

É defendido no segundo capítulo que existe um filtro nas redes sociais, formado por três partes, na primeira parte, o filtro busca entender quem é a pessoa e também do que ela gosta, como no *Facebook*, que existe a opção de curtir milhares e milhares de páginas sobre tudo.

O segundo passo oferece ao usuário de uma rede social anúncios adequados para ele, já o terceiro passo cria uma identidade de usuário e anúncio, no qual todo o anúncio que vai aparecer para um determinado usuário já está pré-definido que ele vá ter interesse, criando assim uma grande bolha na qual o usuário somente recebe informações sobre aquilo que ele quer ver.

No ano eleitoral de 2018, várias *fake news* tiveram que ser retiradas de circulação, pois eram completamente absurdas com relação ao seu conteúdo, conforme fora dito nos casos que ocorreram contra Manuela D'avilla e Fernando Haddad.

As *fake news* causaram um grande impacto da liberdade de expressão, uma vez que a população começou a acreditar cegamente no que era recebido por redes sociais e *Whatsapp*, passando assim a descreditar matérias que diziam o contrário da sua própria opinião, mesmo que elas fossem elaboradas por veículos já conhecidos no cenário brasileiro de comunicação.

Talvez a melhor analogia que possa ser feita é que as *fake news* são como uma bengala para aquele que não quer ver a verdade, uma vez que a pessoa encontra algo na qual possa confirmar sua própria opinião pessoal ela não quer mais saber se aquilo é ou não verdade, seu ego está satisfeito, como se ela estivesse sempre certa com relação a uma determinada pessoa ou um determinado assunto.

Com isso, os usuários encontram uma espécie de refúgio nas *fake news*, desde que essa corrobore com uma opinião pessoal, o que prejudica infinitamente o debate e o senso crítico da população, uma vez que os indivíduos acreditam somente no que querem e no que lhes convêm.

O problema estudado pode encontrar a devida resposta no terceiro e último capítulo do trabalho, sendo que a melhor forma de superar as *fake news* seria responsabilizar civilmente o usuário e em casos específicos o provedor também, aliado com uma reeducação escolar, para que desde jovem a pessoa comece a entender o que é verdade e o que é mentira.

O combate às *fake news* deve ser realizado de maneira prudente e com muita cautela, para que não prejudique o funcionamento da liberdade de expressão, que como já fora dito diversas vezes, é algo fundamental para a sociedade moderna, poder expor suas opiniões e poder entrar em debates para confirmar ou modificar suas próprias ideias.

Por fim, foi tratado a respeito do tema central, a colisão das *fake news* com a liberdade de expressão, onde foram expostos argumentos a favor da tutela das *fake news*, argumentos contra essa possível tutela e a decisão final, onde é estudado se devem ou não as *fake news* serem tuteladas com base na liberdade de expressão na legislação brasileira.

Por início, foi tratado argumentos a favor da tutela, onde é reafirmado que a liberdade de expressão não pode passar o limite da dignidade da pessoa humana, sendo assim, ela perde o seu efeito quando isso acontece, dado que a dignidade da pessoa humana é um valor fonte e princípio soberano na legislação brasileira, conforme pode ser observado na Constituição.

Já houve uma alteração na Lei n. 4.737, mais precisamente no artigo 326-A, conforme já fora observado, o mesmo agora tutela *fake news* à luz do Direito Penal, caso a notícia falsa seja distribuída com uma finalidade eleitoral. Essa alteração encontra um problema, uma vez que menciona que quem compartilha *fake news* sabe que aquilo é mentira, mas como seria possível que isso ficasse comprovado, já que o distribuidor de *fake news* pode ser um usuário qualquer que compartilhou acreditando que aquilo era uma verdade.

Também nesse ponto é dado o exemplo de legislações na França e na Alemanha, as quais também foram para os seus respectivos Direitos Penais, punindo quem compartilha e quem cria *fake news*, por meio de remoção do conteúdo e uma multa milionária.

Na primeira parte do capítulo, é defendido que a tutela das *fake news* seja por meio do Direito Civil, através da responsabilidade civil, isso talvez seja uma solução mais imediata para o problema, punir de forma civil aquele que compartilha notícias falsas.

No mesmo capítulo também são faladas noções a respeito da responsabilidade civil, onde é estudado o Código Civil, nos seus artigos 927 e 186. Com relação ao artigo 927, fica claro que a responsabilidade prevista em lei objetiva para certos casos específicos, assim como a razão do exercício de sua atividade, que, por sua natureza, possa implicar em uma forma de risco para os direitos de outros cidadãos da sociedade.

Também é mencionado o Marco Civil da Internet novamente, dessa vez com relação ao seu artigo dezenove, onde é defendido que a liberdade de expressão não vá sofrer nenhuma censura, com isso, o provedor de aplicações de internet poderá ser responsabilizado civilmente por danos que sejam decorrentes de conteúdos que forem gerados por seus próprios usuários e fiquem em circulação na internet, não sendo removidos pelo provedor.

A respeito disso, o provedor deve retirar esse conteúdo por meio de uma equipe preventiva, que exclua o mesmo antes que exista algum processo judicial, caso isso não seja feito, o provedor excluirá o conteúdo quando receber a respectiva ordem judicial para a sua remoção e poderá ser multado caso o mesmo não seja retirado de circulação.

Para que seja identificado a localização do responsável por uma *fake news*, o ato processual mais recomendado é a ação de obrigação de fazer em face do provedor de serviços de internet, dessa forma, seria garantido o bloqueio e também a remoção do conteúdo que fora disponibilizado em rede por aquele usuário que compartilha conteúdos que podem ser considerados como ilícitos pela legislação vigente.

A responsabilização civil do provedor somente ocorrerá se o mesmo descumprir ordem judicial para a remoção de conteúdo ilícito da internet, ficando assim responsável pelos danos gerados a terceiros usuários por decorrência do conteúdo ilícito que não fora removido.

O problema é que existe uma grande gama de acessos de milhões de usuários de forma diária à internet, para verificar as redes sociais, como por exemplo o *Facebook*, o que torna algo muito difícil de controlar por meio de uma empresa privada como essa, exercer o controle de tudo que é colocado em rede por todos os seus usuários ao redor do mundo.

Partindo para o próximo ponto que fora estudado no trabalho, foram analisados os principais argumentos a respeito da inviável tutela das *fake news* na legislação brasileira. Tendo como principal argumento contrário à tutela de *fake news* a possível censura e limitação que isso vai trazer para a liberdade de expressão no ordenamento jurídico brasileiro.

É defendido que o provedor de serviços de internet é responsável sim pelos atos ilícitos que são praticados por terceiros, um usuário de seus serviços prestados, então, haveria responsabilidade do próprio provedor de conteúdo, sendo que esse deve exercer um controle editorial prévio sobre informações que possam ser consideradas como ilegais e são disponibilizadas por seus usuários em seus próprios domínios.

É falado também a respeito de um estudo feito pelo Estadão, onde várias formas de combater as *fake news* são elencadas, sem que seja necessária alterar a legislação. Entre essas formas, estão elencadas como fazer com que a população tenha um senso crítico maior com relação às informações que são recebidas por meio da internet.

Para tanto, como já fora dito, é necessária uma reeducação a todos os níveis da sociedade, para que exista esse senso crítico. Também é mencionado uma escola em São Paulo, que já está fazendo uma espécie de reeducação dos alunos, para que os mesmos possam diferenciar o que são *fake news* do que é de fato uma verdade na mídia e na internet.

Existe um estudo feito na Universidade de Stanford, que fora mencionado anteriormente, onde é dito que 40% dos indivíduos que participaram dessa pesquisa tiveram dificuldades em detectar o que era *fake news* do que não era, cabe ressaltar que o estudo fora aplicado em alunos de ensino médio, fundamental e superior, no ano de 2018.

Também é feita uma lista de como identificar as *fake news*, nas quais se pode destacar que se deve verificar o título, que geralmente é provocativo e instiga a leitura do texto, deve-se também verificar o *site* que está postando a notícia bem como se existem erros ortográficos crassos.

A respeito da tutela de *fake news* foi dito que o Estado não pode ser o dono da verdade, que é o que acontecerá se a legislação evoluir e criminalizar *fake news*. Mesmo que exista um grande número de informações, sendo difícil identificar o que é verdade do que é mentira, é melhor para a sociedade que exista diversas verdades e versões a respeito do mesmo fato do que uma verdade definitiva, controlada pelos governantes.

A solução para as *fake news* deve partir da cidadania, da educação e de uma existência de um diálogo, entre a população e os grandes nomes de mídia, como revistas e canais de TV. A população precisa ser escutada e precisa saber diferenciar o que é verdade do que é mentira, para assim exercer sua liberdade de expressão da forma que deve ser feita.

Ainda, fora falado a respeito do fórum "*Beyond fake news*", realizado pela BBC Brasil, onde especialistas comentaram a respeito das *fake news* no cenário brasileiro atual. Para tanto, foi considerada como uma das melhores formas de combate para esse fenômeno o pensamento crítico, onde o cidadão deve aprender e extrair o que é dito em uma determinada notícia, não somente ir atrás da opinião alheia e criticar algo sem realmente saber o que é verdade e está acontecendo.

Mesmo que essa solução seja algo distante, quase como um sonho, é talvez uma das formas mais sensatas de combater *fake news* num futuro, sendo que agora, ainda seria um grande problema para a legislação brasileira e para a sociedade, que recebe um tsunami de informações todos os dias, via redes sociais, aplicativos de mensagens e *sites* de notícias.

O bloqueio de conteúdo é algo complicado de ser feito, uma vez que o mesmo também pode ferir a liberdade de expressão, pois de um lado existe uma indústria de informações, que exige a livre circulação de dados, de conteúdos e de informações sob o assunto que bem entenderem, enquanto de outro lado existem os usuários, que querem acessar o conteúdo que bem entenderem mas ao mesmo tempo cobram uma circulação de conteúdos mais restrita e controlada, para que exista a proteção aos direitos do indivíduo.

As hipóteses ficaram resolvidas, sendo que, deve então existir uma legislação para *fake news*, mas não deve ser criminalizado esse ato, uma vez que, conforme fora visto, isso pode causar um enorme prejuízo com relação a liberdade de expressão.

Aliando isso com a evolução na educação, onde os jovens devem ser ensinados a identificar o que estão lendo, se é algo que de fato aconteceu ou não passa de uma mentira, para assim a sociedade começar a evoluir como uma sociedade pensante, algo que vai acabar tornando as *fake news* obsoleto, visto que ninguém mais vai acreditar em algo assim.

Por fim, foi trabalhado o derradeiro e último título da dissertação, onde foi argumentado sobre se deve ou não existir uma tutela para as *fake news* e quais as providências devem ser tomadas para que exista um controle a seu respeito, tanto pelos provedores, quanto pelo Estado e pelo próprio usuário.

Partindo disso, é dito que a mídia não só diz o que existe, mas também diz o que não existe, por não ser veiculado, mas dá uma conotação que pode ser considerada como valorativa a uma realidade existente, dizendo se algo é bom e verdadeiro, ou falso e mentiroso.

Ainda, é possível afirmar que a liberdade de expressão é a liberdade de informar, que é nela que se realiza o direito coletivo à informação, ou seja, a liberdade de ser informado, que está previsto nos Direitos Humanos, dentro da liberdade de expressão.

Com relação ao aplicativo de mensagens *Whatsapp*, é dito que querer invadir, policiar e controlar as comunicações interpessoais de seus usuários é algo que atenta ao regime democrático de direito, mesmo que seja feito com as melhores intenções, de ajudar a sociedade e a população, pode também ser utilizada como uma forma de censura realizada pelo Estado.

Um problema das *fake news* é que existe um número muito grande de compartilhamento, quando a notícia chama a atenção do usuário ele começa a repassar a mesma sem pensar, por isso o título de uma *fake news* sempre é algo polêmico.

A respeito disso, foi tratado que mesmo que seja mentira, uma *fake news* é repassada milhares de vezes e mancha a imagem de uma pessoa, seja pública ou privada, mesmo que exista a comprovação de que aquilo era uma mentira e a imagem da pessoa nunca esteve vinculada ao fato narrado na *fake news*, parte da população ainda vai acreditar naquilo que receberá por *Whatsapp* ou fora visto sendo compartilhado por seus amigos no *Facebook*.

Sem sombras de dúvida, deve sim existir um limite para as *fake news*, mesmo que esse limite seja encontrado na responsabilidade civil, não é possível deixar tanta notícia falsa em circulação e assombrando a vida da população, que não consegue distinguir o que é verdade do que é mentira.

A respeito da educação, o problema das *fake news* pode ser resolvido da melhor forma possível, mesmo que seja algo de um prazo extremamente longo, ficando, por hora, a ferida aberta e com isso causando um enorme incômodo na sociedade.

O problema desse longo prazo é o que causaria no agora, enquanto o tempo passa é algo que fica mais ainda para o futuro, uma iniciativa pelo governo já deveria ter sido tomada, para conscientizar a população a respeito das *fake news* e como identifica-las, para que não exista um problema maior na liberdade de expressão do que o que já está acontecendo.

A questão aí é que talvez não exista interesse por parte do governo em combater esse fenômeno maléfico, uma vez que o mesmo utiliza de *fake news* para tentar controlar a população e os seus próprios eleitores, como fora dito, um grande expoente de *fake news* é o próprio Presidente da República.

Então, deve se aliar à responsabilidade civil, para tentar dar uma parada na enxurrada de informações que são passadas para todos, através das redes sociais e da internet, mas também deve ser feito uma educação diferente nas escolas e até mesmo nas faculdades.

Foi feito um combate as *fake news* durante o período eleitoral de 2018, conforme fora observado, onde o Tribunal Superior Eleitoral teve bastante destaque no combate de notícias falsas. A preocupação foi tanta que o Ministro Luiz Fux, do Supremo Tribunal Federal, chegou a dizer que as eleições poderiam ser anuladas, caso fosse comprovado que se utilizaram de *fake news* para benefício próprio, porém até o presente momento estamos fechando um ano de governo e nada foi feito com relação às *fake news*.

Algo que chama a atenção é o Projeto de Lei n. 246/2018, que foi apresentado pela senadora Mara Gabrilli, esse Projeto foi aprovado pela câmara e encontra-se no Senado. A alteração é para a Ação Civil Pública, para que ela passasse a contemplar o conteúdo das *fake news* como uma das ofensas que justifiquem o acionamento desse mecanismo.

Isso pode ser considerado como uma luz para a legislação brasileira, uma vez que até o presente momento, toda a legislação apresentada visava punir quem fizesse e compartilhasse *fake news* pelo Direito Penal, com a aprovação dessa alteração na legislação, seria possível um controle de *fake news* sem que existisse uma censura com relação ao conteúdo da liberdade de expressão.

É defendido que com a expansão de conteúdos ilícitos na internet, como é o caso das *fake news*, existe a necessidade de considerarem-se determinados aspectos que confluem no controle e na repressão de conteúdos que podem ser chamados de ilícitos na internet.

O motivo de defender uma tutela das *fake news* o mais rápido possível é justamente de tentar controlar esse fenômeno, para que não sejam compartilhados dados sem o mínimo embasamento verídico para que seja causado o caos e a desinformação na sociedade.

O que é divergente em meu ponto de vista é que não se pode seguir o caminho do Direito Penal e censurar a liberdade de expressão, as *fake news* têm sim que serem tuteladas, porém a luz do Direito Civil brasileiro, para que não exista um prejuízo com relação a censura do princípio da liberdade de expressão.

Isso acabaria com o problema de censura da liberdade de expressão, uma vez que o ato não seria um crime. É muitíssimo perigoso existir somente uma verdade absoluta, quando um lado não tem confronto da verdade com outras informações, aquilo torna-se uma verdade absoluta.

Como já fora dito, a última vez que o Estado teve uma forma totalitária de controle foi durante o período de ditadura militar brasileira, do ano de 1964 até 1985, onde todo o fluxo de informações eram controladas pelo exército, para que ideias que fossem consideradas como destoantes das suas próprias e do que consideravam como algo que poderia ser repassado para a população sofriam uma forma de censura total.

Nesse período várias músicas e outras formas de expressão foram controladas pelo exército, também, os ensinamentos acadêmicos eram controlados, de forma na qual um militar ficava dentro das salas de aula controlando o que era ensinado para os alunos pelo professor.

Isso é algo que deve ser evitado na sociedade, já que todos devem ter o direito à opinião sobre qualquer assunto e poder dizê-la, claro, desde que não interfira na dignidade humana de seu semelhante.

REFERÊNCIAS

ABBOUD, Georges. NERY, Nelson Júnior. CAMPOS, Ricardo. *Fake news e Regulação*. Editora Revista dos Tribunais, 2018.

ABRUSIO, Juliana (Coord.). *Educação digital*. São Paulo: RT, 2015.

ADOLFO, Luiz Gonzaga Silva. *Obras privadas, benefícios coletivos: a dimensão pública do direito autoral na Sociedade de Informação*. São Leopoldo; 2006.

ADOLFO, Luiz Gonzaga Silva (Org.). *Direitos fundamentais na Sociedade da Informação*. Florianópolis: Gedai, 2012.
_____.; *Obras privadas, benefícios coletivos:* A dimensão pública do Direito Autoral na Sociedade da Informação. Porto Alegre: safE, 2008.
_____ (Coord.). *Temas atuais de Direito da Sociedade da Informação*. Salvador: Edufba, 2015.
_____.; MORAES, Rodrigo (Orgs.). *Propriedade Intelectual em perspectiva*. Rio de Janeiro: Lumen Juris, 2008.
_____.; WACHOWICZ, Marcos (Orgs.). *O direito da Propriedade Intelectual*: estudos em homenagem ao Pe. Bruno Jorge Hammes. Curitiba: Juruá, 2005.
_____.; WACHOWICZ, Marcos (Orgs.). *O direito da Propriedade Intelectual*: estudos em homenagem ao Pe. Bruno Jorge Hammes. Vol. II. Curitiba: Juruá, 2014.

ALMEIDA, Marcus Garcia de; FREITAS, Maria do Carmo Duarte (Org.). *Docentes e discentes na Sociedade da Informação*. Rio de Janeiro: Brasport, 2012.

ANTUNES, Ricardo. *O privilégio da servidão*: o novo proletariado de serviços na era digital. São Paulo: Boitempo, 2018.

BARBOSA-FOHRMANN, Ana Paula. *A dignidade humana no Direito Constitucional alemão*. Rio de Janeiro: Lumen Juris, 2012.

BARCELLOS, Milton Lucídio Leão. *Propriedade industrial & Constituição:* as teorias preponderantes e sua interpretação na realidade brasileira. Porto Alegre: Livraria do Advogado Editora, 2007.

BARCLAY, Donald A. *Fake News, Propaganda, and Plain Old Lides – How to Find Trustworthy Information in the Digital Age*. Estados Unidos: Rowman & Littlefield Publishing Group, 2018.

BARRAL, Welber; PIMENTEL, Luiz Otávio (Org.). *Propriedade intelectual e desenvolvimento*. Florianópolis: Fundação Boiteux, 2006.

BARRERA, Myrna Elia García. *Derecho de las nuevas tecnologias*. Cidade do México: Universidad Nacional Autônoma de México, 2008.

BARROSO, Luís Roberto. *Curso de Direito Constitucional Contemporâneo os conceitos fundamentais e a construção do novo modelo*. 3ª Edição. São Paulo; Editora Saraiva, 2012.

BARROSO, Luís Roberto. *Colisão entre liberdade de expressão e direitos da personalidade. Critérios de ponderação. Interpretação constitucionalmente adequada do Código Civil e da Lei de Imprensa*. Rio de Janeiro: Revista de Direito Administrativo, 2004.

BARTLETT, Bruce. *The Truth Matters – A Citizen's Guide to Separating Facts From Lies and Stopping Fake News in Its Tracks*. Estados Unidos: Ten Speed Press, 2017.

BONAVIDES, Paulo. *Constituição e normatividade dos princípios*: discursos e prefácios. São Paulo: Malheiros, 2012.

BRASIL. Constituição da República Federativa do Brasil de 1988, de 5 de outubro de 1988. *Diário Oficial [da] República Federativa do Brasil,* Brasília, DF, 5 out. 1988. Disponível em: <http://www.planalto.gov.br/ccivil_03/consituicao/ConstituicaoCompilado.htm>.

BRASIL. Lei nº 12.965 de 23 de abril de 2014. *Estabelece princípios, garantias, direitos e deveres para o uso da Internet no Brasil.*

Disponível em:
http://www.planalto.gov.br/ccivil_03/Leis/L8078.htm

BRASIL. Lei n° 8.078 de 11 de setembro de 1990. *Dispõe sobre a proteção do consumidor e dá outras providências.* Disponível em:
http://www.planalto.gov.br/ccivil_03/_ato2011-2014/2014/lei/l12965.htm

BRASIL. Resolução n° 23.551 de 18 de dezembro de 2017. *Dispõe sobre propaganda eleitoral, utilização e geração do horário gratuito e condutas ilícitas em campanha eleitoral nas eleições.*
Disponível em: http://www.tse.jus.br/legislacao-tse/res/2017/RES235512017.html

BRANCO, Paulo Gustavo Gonet; MENDES, Gilmar Ferreira. *Curso de Direito Constitucional.* 13ª Edição. Editora Saraiva, 2012.

BRAVO, Álvaro Sánchez. *A nova Sociedade Tecnológica: controle social. A Europ@ é exemplo?.* Edunisc, 2010.

BUCCI, Daniela. *Limites materiais da liberdade de expressão política no direito eleitoral brasileiro.* Tese de doutorado em Direito da Universidade de São Paulo.
CANOTILHO, José Joaquim Gomes. *Brancosos e Interconstitucionalidade. Itinerários dos Discursos Sobre a Historicidade Constitucional.* Editora Almedina, 2008.

CANOTILHO, José Joaquim Gomes. *Direito Constitucional e Teoria da Constituição.* Editora Almedina, 2007.

CASTELLS, Manuel. *A Sociedade em Rede.* 8ª edição. Editora Paz e Terra, 2005.

CASTELLS, Manuel. *O Poder da Comunicação.* 2ª Edição. Editora Paz e Terra, 2016.

CASTRO, Carlos Roberto Ibanez. *O direito fundamental à verdade: divulgação e acesso à informação.* Tese de doutorado da Puc-SP.

D'ANCONA, Matthew. *Pós-Verdade a nova guerra contra os fatos em tempos de Fake News.* Barueri; Faro Editorial, 2018.

DE MASI, Domenico. *O futuro chegou: modelo de vida para uma sociedade desorientada.* Rio de Janeiro: Casa da Palavra, 2014.

FARIAS, Edilsom Perreira de. *Liberdade de Expressão e Comunicação: Teoria e Proteção Constitucional.* Florianópolis; 2001.

FERRARI, Pollyana. *Como sair das bolhas.* São Paulo; Editora da Puc-SP, 2018.

FERRIGOLO, Noemi Mendes Siqueira. *Liberdade de expressão direito na sociedade da informação, Mídia Globalização e Regulação.* São Paulo, Editora Pilares, 2005.

FERNANDES, Guilherme Neto. *Direito da Comunicação Social.* São Paulo; Editora Revista dos Tribunais, 2004.

FIORILLO, Celso Antonio Pacheco. *Liberdade de expressão e o direito de resposta na Sociedade da Informação.* Rio de Janeiro; Lumen Juris, 2017.

FIORILLO, Celso Antonio Pacheco. *O marco civil da internet e o meio ambiente digital na Sociedade da Informação.* São Paulo : Saraiva, 2015.

GIACOIA, Oswaldo Júnior. *E se o erro, a fabulação, o engano revelarem-se tão essenciais quanto a verdade?.* São Paulo; 2017.
Disponível em:
https://www1.folha.uol.com.br/ilustrissima/2017/02/1859994-e-se-o-erro-a-fabulacao-o-engano-revelarem-se-tao-essenciais-quanto-a-verdade.shtml

GONÇALVES, Maria Eduarda. *Direito da Informação*: novos direitos e formas de regulação na Sociedade da Informação. Coimbra: Almedina, 2003.

GORCZEVSKI, Clovis. *Jurisdição paraestatal: solução de conflitos com respeito à cidadania e aos direitos humanos na sociedade multicultural*. 1ª Edição. Porto Alegre; Editora Imprensa Livre, 2007.

GUARESCHI, Pedrinho A. *O Direito Humano à Comunicação Pela democratização da mídia*. Petrópolis; Editora Vozes, 2013.

HAMELINK, C. J. (2005). PERUZO, (2005). *Direitos humanos para a sociedade da informação*. In J. M. de Melo & L. Sathler (Eds.), *Direitos à comunicação na sociedade da Informação* (pp. 103–137). São Bernardo do Campo: Editora Metodista.

PRIOLLI, Gabriel. *A era da pós-verdade*. Disponível em: https://www.cartacapital.com.br/revista/933/a-era-da-pos-verdade

KARNAL, Leandro. *Fake news em plena era da liberdade e da informação, a liberdade experimenta burcas ideológicas*. 2018. Disponível em: https://cultura.estadao.com.br/noticias/cinema,fake-news,70002300367

KARNAL, Leandro. *Entrevista dada ao programa Ponto a Ponto*. 2018. Disponível em: https://www.youtube.com/watch?v=qIM89h80cSk

KOMESU, Fabiana. *Espaços e fronteiras da "liberdade de expressão" em blogs na internet*. São Paulo, 2010. Disponível em: https://repositorio.unesp.br/bitstream/handle/11449/21935/S0103-18132010000200003.pdf?sequence=1&isAllowed=y

LEITE, George Salomão; LEMOS, Eduardo (Coord.). *Marco civil da internet*. São Paulo: Atlas, 2014.

LEITE, Heloisa Estwellita Alaor (Org.). *Veículos autônomos e Direito Penal*. São Paulo: Marcial Pons, 2019.

LEMOS, Ronaldo. *Direito, Tecnologia e Cultura*. Rio de Janeiro: Fundação Getúlio Vargas, 2005.

LEMOS, Ronaldo; FELICE, Massimo di. *A vida em rede*. Campinas: Papirus 7 Mares, 2014.

LEONARDI, Marcel. TAVARES, Regina Beatriz. *Responsabilidade Civil na Internet e nos demais meios de comunicação*. 2ª Edição. Saraiva, 2017.

LÉVY, Pierre. *A Máquina Universo Criação, Cognição e Cultura Informática*. Lisboa; Editora Epistemologia e Sociedade, 1987.

LÉVY, Pierre. *Cibercultura*. 34ª Edição. São Paulo; Editora 34, 1999.

LIMA, Venício A. de. *Liberdade de expressão x Liberdade de imprensa*. 2ª Edição. São Paulo; Editora Publ!sher, 2012.

LUCAS, Doglas Cesar. *Direitos Humanos e Interculturalidade um diálogo entre a igualdade e a diferença*. Ijuí; Editora UNIJUÍ, 2010.

MARTINI, Renato. *Sociedade da informação*. Trevisan; 2017.

MARTÍN, Antonio M.ª Javato (Coord.). *La Propriedad Intelectual en la era digital*. Madrid: La Ley, 2011.

MARTINEZ, Pablo Dominguez. *Direito ao esquecimento*: a proteção da memória individual na sociedade da informação. Rio de Janeiro: Lumen Juris, 2014.

MARTINO, Luís Alberto Sá. *Teoria das mídias digitais*: linguagens, ambientes e redes. Petrópolis: Vozes, 2014.

MARTINS, Beatriz Cintra. *Autoria em rede:* os novos processos autorais através das redes eletrônicas. São Paulo: Mauad X, 2014.

MARTINS, Guilherme Magalhães (Coord.). *Direito privado e internet*. São Paulo: Atlas, 2014.

MARTINS, J. R.; BLECHER, Nelson. *O Império das Marcas*. São Paulo: Marcos Cobra, 1996.

MARTINS-COSTA; Judith; VARELA, Laura Beck (Org.). *Código*: Dimensão histórica e desafio contemporâneo – Estudos em homenagem ao Professor Paolo Grossi. Porto Alegre: safE, 2013.

MARTINS-COSTA, Judith (Org). *Modelos de Direito Privado*. São Paulo: Marcial Pons, 2014.

MARTINS, Paulo. *O privado em público*: direito à informação e direitos de personalidade. Coimbra: Almedina, 2013.

MENDES, Gilmar Ferreira; SARLET, Ingo Wolfgang; STRECK, Lenio Luiz; CANOTILHO, José Joaquim Gomes. *Comentários à Constituição do Brasil*. 2ª Edição. Saraiva, 2018.

MATTELART, Armand. *História da Sociedade da Informação*. São Paulo: Loyola, 2002.

MIQUEL, Rodrigo Alsina. *A Construção da Notícia*. Petrópolis; Editora Vozes, 2009.

MIRANDA, Jorge. *Constituição e Cidadania*. 1ª Edição. Almenida, 2016.

MIRANDA, Jorge. *Teoria do Estado e da Constituição*. 1ª Edição. Rio de Janeiro; Forense, 2002.

MORAES, Alexandre de. *Direito Constitucional*. 28ª edição. São Paulo; Editora Atlas S.A., 2012.

NEVES, Marcelo. *Entre hidra e Hércules*: princípios e regras constitucionais. São Paulo: Martins Fontes, 2014.

PACEPA, Ion Mihai. RYCHLAK, Ronald J. *Desinformação. Ex-chefe de Espionagem Revela Estratégias Secretas Para Solapar a Liberdade, Atacar a Religião e Promover o Terrorismo*. Editora Vide, 2015.

PARISER, Eli. *O filtro invisível: O que a internet está escondendo de você*. Zahar, 2012.

PEREIRA, Alexandre Dias. Direitos de Autor, códigos tecnológicos e a Lei Milénio Digital. *Boletim da Faculdade de Direito de Coimbra*, Coimbra, n. LXXV, p. 475-521, 1999.

_____. *Informática, Direito de Autor e Propriedade Tecnodigital*. Coimbra: Coimbra, 2001.

_____. *Propriedade Intelectual I Código do Direito de Autor e dos Direitos Conexos:* Legislação Complementar e Jurisprudência; Direito Comunitário e Internacional. Coimbra: Quarteto, 2002.

PRATES, Francisco de Castilho. *As fronteiras da liberdade de expressão no estado democrático de direito: o desafio de falas que oprimem e de discursos que silenciam*. Tese de doutorado.

RAIS, Diogo. *Fake news. A conexão entre a desinformação e o Direito*. Revista dos Tribunais, 2018.

REALE, Miguel Júnior. *Limites à Liberdade de Expressão*. Joaçaba; Espaço Jurídico, 2010.

REIS, Jorge Renato dos; GORCZEVSKI, Clovis. *Cidadania e exercício dos direitos: a cartilha do cidadão*. Curitiba; Editora Multideia, 2014.

REIS, Jorge Renato dos. *Estudos de direito de autor: no constitucionalismo contemporâneo*. Curitiba; Editora Multideia, 2011.

RIDOLA, Paolo. *A dignidade humana e o "princípio da liberdade" na cultura constitucional europeia*. Porto Alegre: Livraria do Advogado, 2014.

SANTOS, Coriolano Aurelio de Almeida Camargo. *A criação da Agência Nacional de Autorregulação da Internet na Sociedade da Informação como fundamento da dignidade da pessoa humana*. Tese de doutorado em Direito da Faculdade Autônoma de Direito.

SARLET, Ingo Wolfgang. *Direitos Fundamentais, Informática e Comunicação*. Porto Alegre; Livraria do advogado, 2007.

SARLET, Ingo Wolfgang. *Liberdade de Expressão: algumas ponderações em matéria penal à luz da Constituição Federal do Brasil*. Joaçaba, 2017.

SARLET, Ingo Wolfgang. *Sociedade da Informação: Inquietudes e Desafios*. Brasília, 2017.

SERRANO, Vidal Nunes Júnior. *Direito e Jornalismo*. São Paulo; Editora Verbatim, 2011.

SILVA, José Afonso. *Curso de Direito Constitucional Positivo*. 38ª edição. Brasil; PC Editorial Ltda., 2015.

SILVA, Wellington S. *Como a Mídia Idiotiza Você: A revolução cultural e a era das fake news*. 2018

TAVARES, André Ramos. *Curso de Direito Constitucional*. 10ª edição. Brasil; Editora Saraiva, 2012.

TURULLO, Reynaldo Júnior. *TSE decide reforçar combate a fake news e terá técnicos em centro de controle com PF*. Brasília; Folha de São Paulo.

www.ingramcontent.com/pod-product-compliance
Lightning Source LLC
Chambersburg PA
CBHW072027230526
45466CB00020B/1041